Hannelore Morgenroth

LEBEN MIT NEUEN FARBEN

Hannelore Morgenroth

LEBEN MIT NEUEN FARBEN

Ein Weg aus Eßsucht
und Depression

VERLAG ANTON PUSTET

Herausgegeben von Anna Sieberer-Kefer

Gesamtherstellung: Salzburger Druckerei

Einbandgestaltung: Friedrich Pürstinger

ISBN 3-7025-0264-5

INHALT

Einige Worte voraus . . .

Herzlich danken will ich allen, die mich immer wieder ermutigt haben, bei der Veröffentlichung dieses Manuskripts zu bleiben.

Vor allem danke ich Helmut Harsch, Charlotte und Bertram Christoph.

Meinen Kindern, meinem Mann und meinen Freunden danke ich, daß sie das Entstehen positiv begleitet haben.

Ganz besonders danke ich Beate, daß sie mir erlaubt hat, ihre und unsere gemeinsame Geschichte zu veröffentlichen.

München, im Juni 1989

Hannelore Morgenroth

VORWORT

Gerne schreibe ich das Vorwort zu Hannelore Morgenroths Buch, in dem sie die helfende Begleitung einer jungen Frau in einer tiefen Lebenskrise beschreibt. Sie tut dies in einer menschlich bewegenden Weise, die unmittelbar anspricht und in ihren Bann zieht. Sie läßt uns teilhaben (auch in Form von Selbstzeugnissen) an der Begegnung der verschiedenen Personen in diesem Prozeß, der Ratsuchenden, des Pfarrerehepaars und seiner Kinder. Für alle Beteiligten bedeutet diese Begegnung in ihrer Offenheit und existentiellen Tiefe eine Veränderung und Erweiterung der eigenen Lebensmöglichkeiten, die sich auch dem Leser mitteilen. An keiner Stelle wird etwas mit jemandem „gemacht". Partnerschaftliche Hilfe geschieht hier in vorbildlicher Weise, ohne ein Gefälle von oben nach unten oder von „Gesunden" zu einer „Kranken".
Besonders freut mich dieser Bericht als Redakteur der deutschen Ausgabe von „Alle meine Kinder. Heilung der Schizophrenie durch Wiederholen der Kindheit" von Jacqui L. Schiff und Beth Day, die 1980 im Kaiser-Verlag München erschienen ist. Jacqui Schiff berichtet in diesem Buch von ihrer Arbeit mit schwer und früh gestörten Menschen, die sie in ihre Familie aufnahm, um ihnen in der regressiven Wiederholung ihrer Kindheit neue und stabilere innere Strukturen zu vermitteln. Das theoretische Rüstzeug und die Orientierung in dieser oft chaotisch anmutenden Arbeit lieferte ihr die Transaktionsanalyse von Eric Berne. Ihre Klarheit und ihr Optimismus im Blick auf die Selbstheilungskräfte der „Kranken" ermutigten sie, sich in so kreativer und existentieller Weise an die Heilung dieser schweren Krankheiten zu wagen. Bisher hat sich in unserem Land keine Organisation oder Helfergruppe gebildet, um Ähnliches zu versuchen. Was Hannelore Morgenroth beschreibt, kann man als eine Modifikation des Schiffschen Ansatzes für ein ambulantes Verfahren im Umgang mit einer frühen Störung sehen. Leitend war auch hier die Überzeugung, daß frühes Wachstum nur in einer funktionierenden Symbiose zwischen Mutter (oder anderen Erziehungspersonen) und Kind gesche-

hen kann. Wenn das nicht der Fall war, suchen Menschen ein Leben lang immer wieder symbiotische, manipulative und letztlich destruktive Beziehungen herzustellen. In Beates Beziehung zu dem indischen Guru ist wohl so ein (nicht erfolgreicher) Selbstheilungsversuch zu sehen. Nicht selten wenden sich Menschen mit solchen Defiziten an einen Pfarrer oder eine Pfarrerin, um an und mit ihnen ihr Defizit an Beelterung aufzuarbeiten. Meist sind solche Versuche zum Scheitern verurteilt, da sich alle Beteiligten ohne Orientierung im Auf und Ab und Hin und Her einer solchen regressiven Beziehung verlieren und sich dann mit gegenseitigen Blessuren voneinander trennen. Beate hatte das Glück, an eine Pfarrerin und einen Pfarrer zu geraten, die durch pastoralpsychologische Aus- und Weiterbildung mit ihrem Verlangen sachgemäß umgehen konnten, so daß alle Beteiligten mit Gewinn aus diesem langen und intensiven Prozeß hervorgingen.
Als Leser spüren wir, welchen Einsatz, welche Hoffnung und welches Vertrauen hier nötig waren, um zu diesem guten Abschluß zu kommen. Ich denke, daß hier das Beste aus psychologischem Wissen und seelsorgerlichem Engagement zum Tragen gekommen ist. Trotzdem, wie viele Gefahren lauern auf diesem Wege: Suizidale Kurzschlußhandlungen, Ausweichen in Drogenabhängigkeit, Verweigerung, die Verantwortung für ihr Leben zu übernehmen. Deshalb ist es, wenn es gelingt, daß ein Mensch aus diesem Labyrinth seiner inneren und äußeren Verwicklungen herausfindet und zu sich selbst und zu neuem Vertrauen in sein Leben kommt, immer ein Geschenk, das wir empfangen und nicht machen können. In allem, was Hannelore Morgenroth in ihrem Bericht schreibt, ist die Freude zu spüren, daß konkrete Erfahrungen der heilenden Kraft Gottes, die in unserem Handeln wirksam werden will, auch heute unter uns möglich sind. Ich wünsche deshalb diesem Bericht viele Leser, die sich dadurch zu eigenem verantwortlichen und helfenden Leben inspirieren lassen.

Friedberg, den 25. Juni 1989

Prof. Dr. Helmut Harsch

EINFÜHRUNG

Der Wind treibt Wellen über das spätsommerliche Gras am Monte Subasio. Weit unten liegt Assisi, die kleine Stadt auf dem Berg. Die abgeernteten Felder der Ebene leuchten in der erdigen Farbe Umbriens.
Wir sind mit einer kleinen Gruppe aus Deutschland hier. Einige Tage haben wir nach den Spuren des heiligen Franziskus gesucht. Hier oben auf dem Berg spürt man mehr noch etwas von Bruder Sonne und Schwester Mond und Mutter Erde als unten im Getriebe der Stadt.
Wir feiern einen kleinen Gottesdienst, sitzen im Gras und singen „Mit neuen Farben malt Gott seine Schöpfung ..." Wir teilen miteinander Brot und Wein. Meine Gedanken gehen zu Beate, die rechts von mir am Hang sitzt. Beate ist 23 Jahre und meine „Ziehtochter". Ich glaube, dieser Ausdruck trifft unsere Beziehung am besten. Meine „Ziehtochter" ist mir vor vielen Monaten ins Haus geflogen, ein „Fundevogel", der nirgends richtig zu Hause war, am allerwenigsten bei sich selbst. Eßsüchtig, selbstmordgefährdet und doch auf der Suche nach dem Leben, so habe ich sie kennengelernt.
Mehr als zwei Jahre habe ich sie nun begleitet, beraten, unterstützt, soweit es meinen Möglichkeiten entsprach. Unseren gemeinsamen Prozeß habe ich zunächst nur für mich selbst aufgeschrieben. Dann entstand die Idee, daraus eine Veröffentlichung zu machen. Dazu hat mich Prof. Helmut Harsch ermutigt, bei dem ich mir zwischenzeitlich fachlichen Rat geholt habe.
Beates Weg in ein selbständiges, festes und buntes Leben kann auch andere berühren, die ähnlich wie sie um ein lebenswertes Leben ringen. Als Leser und Leserin mag man sich manchen Farbtupfer nehmen, wenn man mitverfolgt, wie Beates Leben wieder bunt wird.
Viele Themen bewegen sich im Grenzbereich von Seelsorge, Beratung und Therapie. Es können Zusammenhänge wie auch Abgrenzungen aufgezeigt werden. Dabei ist auf Fachsprache verzichtet.

Die Geschichte mit Beate fing damit an, daß sie sich bei Peter zum Besuch ansagte. Peter ist mein Mann und ist Pfarrer. Von dieser wichtigen Begegnung soll Beate selbst berichten. Und ich habe auch Peter gebeten, dieses erste Treffen aus seiner Sicht zu erzählen, bevor es dann meine Geschichte mit Beate wird.

DIE GESCHICHTE MIT BEATE

Ich gehe zum Pfarrer und weiß eigentlich gar nicht, warum. Beate erzählt:

Ich weiß nicht genau, warum ich plötzlich die Idee hatte, zu dem Pfarrer zu gehen, bei dem ich früher konfirmiert worden bin. Ich mochte ihn, hatte gute Erfahrungen gemacht, und jetzt ging es mir einfach so schlecht, daß ich mich tief innen wie tot fühlte. Also rief ich an. Nach fünf Jahren. Ich machte einen Gesprächstermin mit ihm aus.

Einiges erzählte ich ihm: Wie mein Leben seit meiner Konfirmation ausgesehen hatte, daß ich viel zuviel esse, daß ich Schwierigkeiten mit Frau R. habe (so nenne ich meine Mutter). Ich habe ihm auch erzählt, daß ich mich innerlich wie tot fühle, daß die Blumen für mich nicht mehr dufteten und die Farben grau waren. Selbst Dinge, die mich früher gefreut hätten, ließen mich damals kalt.

In mir war einfach alles tot – es war kein Leiden, keine tiefe Depression, wie ich sie von früher her kannte. Es war einfach Gelangweiltsein und Empfindungslosigkeit. Ich war damals so überdrüssig, daß ich gerne sterben wollte. Wie gesagt – ich litt nicht mehr wie früher. Ich war innerlich tot und wollte es ganz sein. Aber da meldete sich nach einiger Zeit eine kleine, aber doch laute Stimme und sagte: „Halt! Ich will aber leben!" Diese Stimme wollte ich nicht einfach übergehen.

Von all dem habe ich Peter erzählt. Peter, das ist der Pfarrer. Und für mich war es selbstverständlich, ihn mit dem Vornamen anzureden, weil ich keinen Riesenabstand spürte. Irgendwann im Lauf des Gesprächs nahm er ein Blatt Papier und zeichnete drei Kringel untereinander, die aussahen wie eine Verkehrsampel. Das sollten drei verschiedene Ich-Zustände sein, die jeder Mensch wohl hat. Und dann hat er mir sehr treffend und knapp einiges dazu erklärt. Daß der obere Kringel das Eltern-Ich bedeuten soll, wo all das gespeichert ist, was wir so von unseren Eltern, Lehrern oder sonstigen Erziehern direkt oder indirekt vermittelt bekommen haben. Daß der Kringel in der Mitte das Erwachsenen-Ich symbolisiert, den Ich-Zustand, in dem wir Informationen speichern und Verantwortung für uns selbst über-

nehmen. Und daß der unterste Kringel das Kind-Ich bedeuten soll, das in jedem Menschen lebt, auch wenn er schon erwachsen ist. Im Kind-Ich, so habe ich Peter damals verstanden, kommt der Teil in uns zu Wort, der wachsen und leben will. Das alles ging mit einigen Sätzen ab, und ich war neugierig, wo das hinführen sollte.
Und dann sollte ich den drei Kringeln die richtige Größe geben, so wie es in *mir* war. Ich überlegte nicht lange.

Und so malte ich „mich" neben Peters Zeichnung:

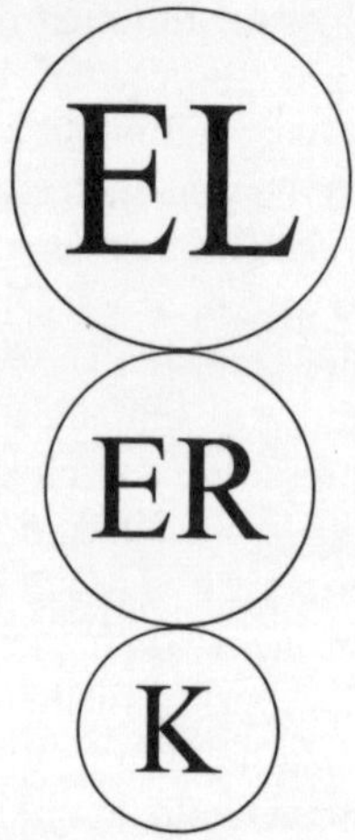

Ein auf dem Kopf stehender Schneemann war mein Bild. Viel kritisches Eltern-Ich: Was man alles zu tun und zu lassen hat. Und wenig freies Kind-Ich: Spontane und übermütige Lebenslust. Peter fragte mich, was ich denn selbst von meinem Bild halte. Ich mußte natürlich lachen: Das Gebilde sah so instabil aus. Es würde wohl einen schweren Stand haben. Ich glaube, er hat mich etwas in der Richtung gefragt, was denn passieren müsse, damit mein „Schneemann" standfest wird, wenn doch die oberste Kugel so riesig war. Ich weiß, daß ich Widerstand in mir hatte, den kleinen Kringel größer werden zu lassen. Meine Befürchtung war, die Kontrolle zu verlieren. Peter hat das aber korrigiert: Er meinte, daß der Eltern-Kringel so groß sei, daß er

schon nicht die Kontrolle verlieren würde. Vielmehr sei es besser, meinem kleinen Kind-Kringel mehr Raum zu geben. Nur dann hätte ich insgesamt einen besseren Stand.
Meinem Kind mit seinen ganzen Eigenschaften und seinem Wesen mehr Raum geben dürfen! Das war die erste wichtige Erlaubnis, die ich bekommen habe. Ich war ganz aufgeregt bei der Heimfahrt. Ich hatte das Gefühl: Jetzt wird alles gut. Ich war glücklich und aufgeregt. Ich war nicht mehr tot und wollte es auch nicht mehr sein. Ich war sehr lebendig! Während der Fahrt habe ich mir alles noch einmal durch den Kopf gehen lassen. Peter hatte gesagt: „Ja, ich sehe schon, du steckst ziemlich im Schlamassel. Das ist mir klar. Aber trotzdem gibt es einen Weg raus. Die Frage ist, ob du ihn gehen willst." Mir war mulmig. Einerseits bestätigte er mir, daß ich tief drinsteckte, was ich manchmal nicht wahrhaben wollte. Andererseits sagte er voller Überzeugung, daß es da einen Weg raus gab. Ich hatte gleichzeitig Angst und Neugier in mir. Ich sagte ihm damals, daß ich nicht glaube, daß ich es schaffen könnte. Ich hatte es ja auch schon über die Psychoanalyse versucht, mit meinen Schwierigkeiten fertig zu werden. Und das hatte nur sehr begrenzt geklappt. Na gut, ich war noch am Leben, aber trotzdem nicht fähig, meine Probleme selber zu lösen. Ich wollte nicht noch einmal meine Unfähigkeit bestätigt haben. Aber bei allem, was ich über mein wiederholtes Versagen erzählte, über meine Undiszipliniertheit und meine Unbeständigkeit, sagte Peter, daß es einen Weg heraus gäbe. „Wichtig ist, ob du raus willst!?"
Ich habe nachgedacht. Das würde ja auch bedeuten, daß ich aus meiner Passivität raus und aktiv werden müßte. Das wäre verdammt unbequem. Und überhaupt – wer weiß, was auf mich zukommt? Aber ich war neugierig, und ich hatte das Gefühl, daß was dran ist und daß es einen Weg zu einem besseren Leben gibt. Da war Freude in mir, weil da einer da war und voller Überzeugung gesagt hatte: „Egal, was du erlebt hast und wo du stehst. Es gibt einen Weg raus!" Er hat sich Zeit genommen für mich, mehr als eine Stunde, und hat kein Geld verlangt und auch nicht gesagt, daß ich spinne. Nein, er hat gesagt, da gibt's einen Weg.

Ich hab' seine Frage mit Ja beantwortet. Auch wenn ich aktiv werden müßte. Ich hatte sogar das Gefühl, daß es mir Spaß machen könnte. Und da saß ich also in der S-Bahn und hab' mich gefreut, hab' innerlich Luftsprünge gemacht. Ich kam nach Hause, aber da hielt ich es nicht aus. An dem Tag hatte es geregnet. Ich zog mir Klamotten an, die dreckig werden durften. Gummistiefel. Und los ging's zur Isar. Ich bin zuerst normal spazierengegangen. Aber je dunkler es wurde, desto mehr wurde mein Gang ein Tanz. Ich tanzte und hüpfte durch die Wiesen und umarmte Bäume, fing an zu singen. Und dachte immer wieder an das Gespräch des Nachmittags und sein sicheres: „Es gibt einen Weg raus!" In mir war Freude – Freude – FREUDE! Innen und außen machte ich Luftsprünge. Zum ersten Mal seit meiner Kindheit bin ich wieder mit Karacho in die Pfützen gehüpft. WOW! Das hat gut gespritzt, und ich war klatschnaß, als ich heimkam. So war der Anfang von dem Weg raus!

Ein hungriges kleines Mädchen
Peter erzählt:

Ich saß als Pfarrer Beate gegenüber. Sie hatte mich um ein Gespräch gebeten. Zunächst habe ich in ihrem Gesicht nach den vertrauten Zügen von früher geforscht. Einige Jahre hatten wir uns nicht gesehen. Aber es war überhaupt nicht schwer, wieder anzuknüpfen. Ich freute mich sehr, sie zu sehen. Und gleichzeitig nahm ich Unsicherheit wahr. Zögern. „Wie geht's und wie steht's und was war inzwischen?" Ziemlich schnell waren wir dann aber bei der Frage gelandet, welchen Sinn das Leben haben soll.
Da saß Beate und wollte von mir wissen, was die Religion und im besonderen das Christentum über den Sinn des Lebens zu sagen habe. Das sei doch schließlich mein Beruf, dazu was zu sagen. Also bitte! Sie selbst sei zwar nicht mehr in der Kirche, das sei halt so gekommen, aber mit der Frage schlage sie sich herum, weil sie darauf keine Antwort wisse.

Ich bin keiner von denen, die Theologie in Psychologie oder Soziologie auflösen. Und doch spürte ich die Falle: Vergleichend und theoretisch über Religionen unter besonderer Berücksichtigung des christlichen Glaubens zu reden. Geschichtliche Querbeziehungen und biblische Begründungen. Was ließe sich nicht alles sagen! Aber vor mir saß Beate, die mir fast unmerklich mitgeteilt hatte, daß sie nicht wußte, wozu sie noch leben sollte. Das verlangte eine andere Ebene als die theologische. Welche?

Nun, sie hatte ja schon ein wenig aus den zurückliegenden Jahren erzählt. Ich nahm dabei deutlich wahr, wie sie mit sich selbst umgegangen war. Hier saß ein im Grunde noch kleines Mädchen, das großen Hunger nach Leben und Liebe hatte und doch so lebte, daß es immer und immer wieder zu kurz kam. Beate – ein hungriges Kind!

Und gleichzeitig klang vieles sehr angepaßt: Dies darf man nicht. Und das ist nicht erlaubt. Man kann doch einem Freund nicht hinterherlaufen. Und es ist doch unmöglich . . .

Das also hatte ich wahrgenommen: Ein kleines Kind- und ein großes Eltern-Ich. Und das war meine Idee: Zeig ihr doch mal in ein paar Strichen, wie verschiedene Ichzustände in jedem nebeneinander bestehen. Vielleicht entdeckt sie, wo ihr Mangel ist und macht was draus? Ich habe mich dabei zugleich entschlossen, ihren Kopf anzusprechen. Denn das Mädchen, das vor mir saß, konnte klar denken. Es hat wirklich keine drei Minuten gedauert, ihr das Grundmodell der Transaktionsanalyse, das man anderwärts ausführlich nachlesen kann, aufzumalen. Hin und wieder nehme ich es gerne zur Hilfe, eben, weil es so schnell Klarheit schaffen kann.

Und dann hatte ich Beates Pfiffigkeit zu bewundern. Als sie sich ihre Selbsteinschätzung mit diesem Grundmodell aufmalte, sagte sie schlicht: Das schaut aus wie ein Schneemann, der auf dem Kopf steht. Und es war sofort klar: So kann der nicht stehen. Sie hatte selbst gemalt, was ihr fehlte: Kind sein können mit allem Lebensübermut. Daher kam ihre Frage nach dem Sinn des Lebens.

Von da an ging das Gespräch nicht mehr darum, was bloß mit ihr los sei. Das lag ja schwarz auf weiß auf einem Stück Papier vor ihr. Jetzt ging alles nur noch darum, ob sie überhaupt etwas ändern wollte. „Aber das kann man doch nicht einfach so beschließen ... Und überhaupt, wie oft habe ich schon probiert ... Und all die guten Vorsätze! Und kann man überhaupt noch wie ein Kind ..." Beate hat einige schwere Geschütze aufgefahren, um der einfachen Frage auszuweichen, ob sie denn etwas ändern wolle. Und ich habe einfach mit ihr zusammen geklärt,was sie dabei mit sich selbst tut.
„Was willst du denn, daß ich dir tun soll?" Diese klärende und therapeutische Frage hat Jesus ja vielen Menschen gestellt, die ihn um Heilung und Hilfe angingen. Hin und wieder habe ich über solche Heilungswunder der Bibel zu predigen. Dabei habe ich diese Frage Jesu schätzen gelernt, weil sie Klarheit schafft und sich diffuser Nebel lichtet. Der Nebel, daß man etwas möchte und zugleich auch wieder nicht möchte. Wenn ich Beate diese Frage immer wieder stellte, was sie denn wolle, verstand ich mich nicht als Therapeut, sondern als Pfarrer. Wollte sie, daß ihr „Schneemann" – sie selbst – auf so wackligen Füßen stehen bleibt, jederzeit umkippen kann, oder wollte sie dem Kind in sich eine Chance geben?
Ich weiß nicht mehr, wie wir das Gespräch beendet haben. Ob ich ihr eine „Hausaufgabe" mit auf den Weg gegeben habe? Daß sie die nächsten Tage, die nächste Woche ganz gut zu ihrem Kind in sich sein sollte? Ich weiß nicht mehr. Es geht zu viel durch mich hindurch. Wohl weiß ich noch, daß es eine herzliche Atmosphäre war bis zum Schluß. Und in der Tat: Zuversichtlich und gelassen habe ich ihr gesagt, daß es für sie einen Weg gebe. Beate hatte ihn ja selbst aufgezeichnet. Und was mit diesem „Weg" gemeint war, das war uns beiden klar. So war meine Zuversicht mehr als blinder Optimismus nach dem Motto „Wird schon wieder alles gut" und entsprang nicht der Blindheit gegenüber ihrer Situation.
Ich konnte mir übrigens durchaus vorstellen, warum Beate nach Jahren ohne Kontakt zur Kirche wieder zu einem Pfarrer kam. Er hat ja von Berufs wegen fürsorglich, elterlich zu sein.

Das brauchte sie, die mit sich selbst so gar nicht fürsorglich umgehen konnte. Und das war meine Aufgabe in jenem ersten Gespräch: stellvertretend voller Zuversicht für sie glauben und ihr sagen: Beate, es gibt einen Weg für dich, wenn du ihn gehen willst.
Zwei, drei Tage danach kam ein Brief von Beate. Der erste. Ich war überrascht und habe mich riesig gefreut. Sie beschrieb ungeheuer lebendig den Rest jenes Tages und ihren Entschluß zu leben. Ich war überrascht und auch ein wenig beschämt, wie viel Beate mitgenommen hatte aus einer einzigen Stunde.
So also fing der Weg mit Beate an. Noch ein Gespräch und einige kurze Telefonate. Und dann war Beate erst für einige Monate weg. In Indien, beim „Meister", wie sie ihn nannte. Bin ich ihr doch den religiösen Halt schuldig geblieben, nach dem sie beim ersten Gespräch ja auch gefragt hatte und den sie nun in Indien suchte? Würde sie dort geschluckt werden und überhaupt wieder zurückkommen? Zunächst kam ein Brief von ihr. Wenig Konkretes. Aber sie malte mir nochmals „ihren Schneemann" auf und schrieb, daß er sie weiter beschäftige. Nun war meine Neugier natürlich besonders geweckt: Falls sie zurückkäme, wollte ich mit ihr reden!

Auf der Suche nach Heil

Im Mai 1983 meldete sich Beate telefonisch bei Peter. „Hallo, ich bin wieder da! Du hast mir geschrieben, daß du etwas über Indien wissen möchtest. Ich würde gerne mal kommen und erzählen."
Peter fragte mich, ob ich bei diesem Gespräch dabei sein wollte. Ich hatte großes Interesse, und wir beschlossen, Beate nachmittags einmal zum Tee einzuladen. Ich freute mich darauf und war neugierig auf sie nach dem wenigen, das Peter mir erzählt hatte. Und so beschnupperten wir uns gegenseitig bei Tee und Kuchen. Wir, das waren Matthias (11), David (4) und Dominik (2), Peter und ich, eine Pfarrfamilie und Beate, unser Gast.

Die Kleinen rutschten bald vergnügt auf dem Boden herum, malten und bauten etwas. Matthias machte Hausaufgaben und hatte ab und zu ein neugieriges Ohr auf das, was Beate von Indien erzählte und von ihrem Meister, in dessen Ashram sie gelebt hatte.

„Wie hast du den Meister eigentlich kennengelernt?" fragte ich.

„Als er in München war, habe ich alle seine Vorträge gehört. Nachdem ich mich dann für eine ‚Einweihung' in diese Gemeinschaft interessiert habe, hat er zu mir gesagt: ‚Wenn du mehr wissen willst, komm zu mir nach Indien.' – ‚Aber ich hab' kein Geld', habe ich geantwortet. Doch er meinte, wenn ich erst eingeweiht sei, dann gäbe es da keine Probleme. Und später hat mir eine Frau, die schon öfter beim Meister in Indien war, 2000 Mark geschenkt. Das war für mich der Anstoß, auch wirklich zu ihm zu fahren." Beate strahlte, als sie das erzählte.

Ich spürte etwas von der Faszination, die vom Meister und seiner Bewegung auf sie übergesprungen war. Sie schilderte das einfache Leben im Ashram, das vegetarische Essen, die Meditationsübungen. „Und was war das Wesentliche für dich?" habe ich gefragt. Doch Beate konnte das gar nicht so recht ausdrükken. „Der Meister selbst war für mich das Wichtigste, glaube ich. Er war so voller Güte und Weisheit – ich weiß nicht, wie ich das erklären soll." Sie hatte ein paar Hefte und Bücher von ihm mitgebracht, die sie uns zum Lesen anbot.

Und dann erzählte sie, daß sie dennoch mit der Gemeinschaft in Indien Probleme hatte. „Manche haben den Meister total angehimmelt."

„Und wie ging's dir damit?" habe ich sie gefragt. „Nach ein paar Monaten konnte ich es dort nicht mehr aushalten. Ich hatte das Gefühl, daß dort eine Art Gehirnwäsche stattfand. Vor allem störte mich der totale Gehorsam, den der Meister forderte. Da bin ich wieder heimgefahren."

Ich merkte, wie wenig Abstand sie noch hatte, und beschloß, die mitgebrachten Bücher bei Gelegenheit näher anzuschauen. „Hältst du dich denn jetzt noch an die Regeln der Gemeinschaft?" fragte ich sie noch. Sie zögerte: „Manches ist mir noch wichtig. Ich esse z. B. kein Fleisch, aber mit der regelmäßigen Meditation habe ich aufgehört. Im Moment habe ich mich bei einer psychologischen Gruppe im Gesundheitspark angemeldet. Das ist eine Einrichtung der Volkshochschule München beim Olympiazentrum. Der Psychologe, der sie leitet, Bertram heißt er, gefällt mir sehr gut."

Der Nachmittag verging wie im Flug. Auch als Peter wegen einer dienstlichen Verpflichtung gehen mußte, blieben Beate und ich im Gespräch. Wir hatten Gefallen aneinander gefunden.

Zwischendurch beschäftigte ich mich immer wieder mit den Kindern. Beate schaute sich währenddessen Bücher an. Als ich vom Windelwechseln zurückkam, hielt sie ein Buch in der Hand. „Es ging doch gut – was ging denn schief, von Fanita English – das ist aber ein lustiger Titel", sagte sie. „Ich bin gerade dabei, das herauszufinden."

„Lies das Buch doch mal, wenn du magst. Ich finde es ganz gut."

„Leihst du's mir?" wollte Beate wissen. Und als ich zögerte, weil Peter auch gerade darin las, sagte sie gleich: „Vielleicht hat es die Leihbücherei. Oder ich setze mich in eine Buchhandlung. Da kann ich es an zwei Nachmittagen auslesen."

Mir gefiel, wie wißbegierig sie war und dabei auch voller Energie, das umzusetzen, was sie wissen wollte.

Ein Thema interessierte mich noch, und ich fragte sie: „Wo arbeitest du eigentlich im Moment?"

„Leider habe ich den Job im Naturkostladen durch meine Indienreise verloren. Ich jobbe manchmal beim Sozialdienst, putze oder helfe bei Kranken, die sich nicht selbst versorgen können. Ich bekomme einfach keine feste Arbeit bei meiner Schulbildung."

Sie lachte dabei, aber ich spürte die Traurigkeit hinter dem Lachen. Da war ein wunder Punkt.

Inzwischen war es Abend geworden, und die Kinder brauchten mich. So sagte ich ihr, daß ich jetzt keine Zeit mehr für sie hätte,

aber sie könnte gerne nach Absprache mal wieder vorbeikommen. „Gerne", strahlte sie, und ich begleitete sie zur Tür.
Seitdem liegen manchmal kleine Zettel auf der Fußmatte. Und darauf steht: „Beate hat angerufen, sie ruft noch mal an." Oder: „Bitte zurückrufen, es ist dringend!"
Was sie in diesen Telefonaten von mir möchte, ist nicht viel, empfinde ich. Sie redet über Gott und die Welt, über die Auseinandersetzungen mit ihrer Mutter, die ihr immer wieder sagt: „Aus dir wird nichts, wenn du jetzt nicht irgendeine Lehre anfängst."
Sie redet auch darüber, daß sie immer wieder anfängt zu fressen, Essen in sich hineinzustopfen. Ich höre zu, nehme Anteil, oft mit einem Kind auf dem Schoß, das ungeduldig am Telefonkabel zupft.
In diesen ersten Gesprächen mit Beate versuche ich, mit ihr zu klären, wie sie mit ihrer Eßsucht weiterkommen kann. Ich spreche mit ihr auch über eine Kurbehandlung, z. B. in Bad Herrenalb.
„Ich hatte von der Kasse schon eine Kur in Bad Herrenalb genehmigt", sagt sie, „aber dann bin ich zurückgetreten. Sie hatten nicht gleich einen Platz für mich, und ab dem 1. August habe ich eine Lehrstelle, dann muß ich die Krankenkasse wechseln, die ganze Genehmigung geht wieder von vorne los. Außerdem kann ich nicht gleich zu Beginn einer Lehre fehlen."
Das klingt logisch. Und doch ist es schade um die Chance für Beate. Eine Lehre will sie machen? Wo will sie denn anfangen?
„Ich hatte die Auswahl zwischen Metzger und Konditor, da habe ich die Konditorei gewählt", sagt sie.
Beate, umgeben von Kuchen und Torten – ich kann mir's nicht vorstellen! Sie, die Probleme mit dem Essen hat . . .
„Aber ich muß da anfangen", sagt sie noch. „Wenn ich's jetzt nicht schaffe, dann geht gar nichts mehr."
„Wer sagt denn das?" frage ich zurück.
„Herr und Frau R., meine Eltern natürlich."
Wir merken beide, daß viel an Klärung nötig ist. Ich lade Beate ein, näher darüber zu sprechen, ohne lautstarke Kinder als Konkurrenz im Hintergrund.

Mag mich Gott noch?

In den ersten Kontakten taucht auch ein anderes Thema immer wieder auf: Ich erinnere mich an ein Telefongespräch. „Wie ist das eigentlich mit Gott? – Du mußt doch da mehr wissen, in der Bibel steht so viel von Strafe und Hölle. Wie kann denn Gott die Menschen strafen, wenn er sie liebt?"

Ich weiß nicht mehr genau, was ich geantwortet habe. In etwa: Daß ja viele verschiedene Menschen die Bibel geschrieben haben und daß sich manche Gott nur vorstellen konnten als einen, der die Bösen straft, weil das etwas ist, was Menschen untereinander erfahren. Aber Jesus hat etwas anderes von Gott gezeigt, wenn er Menschen zu sich einlädt und Kaputtes wieder heilmacht. Jesus hat geradezu abgelehnt zu strafen. Und ich erzähle ihr eine Geschichte, die mir gerade in den Sinn kommt, wo Jesus mit seinen Jüngern unterwegs ist und sie durch ein Dorf in Samaria kommen und dort um ein Nachtlager bitten, aber niemand läßt sie herein. Da schlagen die Jünger vor: Willst du nicht Feuer vom Himmel fallen lassen zur Strafe für dieses Dorf? Da wird Jesus zornig und weist so etwas weit von sich. Er sei nicht gekommen, um Leben zu vernichten, sondern um Leben zu retten.

Beate wird nachdenklich und erzählt, daß sie auf dem Münchener Marienplatz von irgendeiner christlichen Gemeinschaft angesprochen worden ist. Und sie ist einmal zu einer Versammlung hingegangen. „Da hat es mir überhaupt nicht gefallen", sagt sie. „Es wurde nur von Buße und Hölle und Strafe und vom Zorn Gottes geredet. Und genau so sahen die Menschen auch aus, verkrampft und ohne Lachen." – „Wie gut, daß du gemerkt hast, daß du dich da nicht wohl fühlst", sage ich.

Ich denke: Wie anfällig ist sie für jeden, der ihr das Heil verspricht.

Auch dieses Gespräch am Telefon bleibt ein Fragment. Aber ich beschließe, ihr ein kleines Buch zu schicken, ein Buch, das ich selber faszinierend fand: Ein Buch, das von Gott erzählt wie von einem Menschen, in dem der Verfasser, Hans Frör, die Geschichte Gottes mit den Menschen erzählt und Gott dabei

von seinem allwissenden, allmächtigen Thron herunterholt, den die Menschen ihm gebaut haben, indem er Gott die Züge eines liebenden und leidenden Menschen gibt. Ich freue mich über meine Idee und besorge das Buch in den nächsten Tagen und schicke es ihr.
Ihre Reaktion ist ein Brief:

2. Mittwoch im Juli

Hallo, Hannelore und Peter!
Ich sitze hier im Abenddunst der Stadt in „meinem" Hinterhof; der momentan etwas am Knie lädierte Maler flötet in seinem Atelier. Der einsame Thailänder arbeitet noch, und Gabi, die Handweberin, kocht und niest. Und gerade hat jemand auf der Straße gejodelt.
Ich möchte Dank sagen für das schöne Buch. Es hat mich wirklich sehr intensiv erreicht. Ich hatte an dem Tag ziemliche Nachwehen von einer Therapiestunde bei Bertram. Ich habe den Umschlag geöffnet und nur den Titel gelesen („Ich will dir von Gott erzählen wie von einem Menschen, den ich liebe"), und das hat dann Gott sei Dank die Tränen gelöst, auf denen ich seit dem Aufwachen saß. Ich habe es dann im Laufe des Tages sogar ganz gelesen, und es hat mich noch öfters zu Tränen gerührt, z. B. was da über die Zehn Gebote stand: Du sollst nicht töten . . . Daß man auch töten kann, nicht indem man berührt, sondern gerade indem man nicht berührt. Dieses Büchlein gefällt mir sehr gut, und manchmal habe ich es glücklich wie ein Kind sein Lieblingsmärchen in mich aufgesogen. So, als wenn das wirklich wäre!
Zuerst habe ich das dann auch glatt für bare Münze genommen. Aber es ist ja vielleicht nur eine Art, die Bibel zu verstehen! Was mir gut gefallen hat, das war „und Gott war so voll Schmerz, daß er am liebsten sterben wollte". Also, wenn Gott so fühlen kann, dann ist es bei mir ja gar nicht so unnormal.
Mein Therapeut und ich, wir haben es letztes Mal glatt fertig gebracht, bis ins Babyalter zurückzugehen. Sehr, sehr schmerzvolle Dinge sind dabei zutage getreten. Was mir auffällt, ist, daß alle Einschärfungen von meinen Eltern viel stärker und tiefer sitzen, als ich dachte. Allein beim Versuch zu schreien, wird das

deutlich. Damit kommt so viel Schmerz hoch, daß ich mich am Montag, als es wirklich am schlimmsten war, glatt gefragt habe, wo das hinführen soll. Aber ich merke, daß diese Schmerzen etwas Heilendes an sich haben.
Ich spüre jetzt auch, was ich brauche und wonach ich mich sehne, und stelle traurig fest, daß ich es bis jetzt noch nicht habe . . . Mir fehlen liebe Menschen, aber wo finde ich sie? Großes Fragezeichen!
Momentan habe ich vor dem Alleinsein große Angst, vor den Wochenenden, und seit einer Woche futtere ich nur noch. Ich kann und kann nicht aufhören zu essen. Es ist wirklich zu blöd, weil es mir meinen ganzen sonstigen Erfolg jetzt zusammenhaut. Morgen habe ich die letzte Therapiestunde für zwei Monate, und dann möchte ich das Thema anschauen.
Wenn es zu Euch nicht so weit wäre, würde ich gern öfter kommen, weil ich das Gefühl habe, daß es in Eurer Gemeinde ganz nette Leute gibt. Daß ich aus der Kirche ausgetreten bin, heißt nicht, daß ich mit Glauben und Gott nichts zu tun haben will. Aber das, was ich unter Kirche mit Steuer und unterschwelligem Druck fand, und auch das mit dem Meister befriedigt mich so ganz und gar nicht. Aber das, was in dem Büchlein steht – Gott liebt uns, auch mich, und sehnt sich auch nach unserer, meiner Liebe, das gefällt mir. Ich bin nicht so, daß ich nur Liebe nehmen kann und meine Liebe nur auf gut Glück geben kann. Ich brauche auch jemanden, der meine Liebe mag und der nach mir fragt, der es schön findet, daß es mich gibt. Das ist schon ein großer Schritt für mich, weil ich mir das nämlich lange nicht eingestanden habe. Und auch nicht erlebt habe.
Als ich nach meiner ersten Einzeltherapiestunde mit dem Rad nach Hause fuhr, habe ich mich wie ein großer Haufen Scheiße gefühlt und Angst davor gehabt, daß es jemand sieht und schreiend wegrennt. Daher meine Angst davor, mir ins Gesicht schauen zu lassen. Ich habe also bei Bertram um eine weitere Therapiestunde gefragt und ihm das erzählt. Seine Frage darauf war: „Wer hat dich dazu gebracht, dich wie ein Haufen Scheiße zu fühlen?" Ich hab' mich so geschämt – der reine Wahnsinn. Ich hab' mich geschämt für meine Gefühle, den Schmerz, die Trauer,

die Wut. Oje, it was quite heavy! Ich möchte jetzt mein Leben so einrichten, daß ich nicht mehr das Gefühl haben brauche, ein Haufen Scheiße zu sein.

Beates Brief geht noch weiter. Sie beschreibt auch, daß der Beginn ihrer Lehre immer näher rückt und sie keine Lust dazu hat.

Wie sehr berührt mich dieser Brief! Was mag geschehen sein, daß eine junge Frau sich wie ein großer Haufen Scheiße fühlt? Mir kommt ein Bild vor Augen – wie ein kleines Baby auf dem Wickeltisch liegt und die Mutter die schmutzige Windel auspackt und es deren angeekelte Blicke so versteht: Ich selber bin Scheiße. Vielleicht hat dieses Baby auch die Verknüpfung gemacht: Wenn Mutter weggeht, dann, weil ich Scheiße bin. Ich weiß es nicht, es sind nur Vermutungen; sicher stehen frühe, schmerzliche Erfahrungen dahinter. Auch die zwei- oder dreijährige Beate sehe ich vor mir, die ausgelacht und beschämt wird – wofür? Diese kleine Beate möchte ich am liebsten in den Arm nehmen. Ich rufe sie an.

Verrückte Dinge im Kopf

Ich danke ihr für den Brief und sage ihr, daß ich mich freue, wie lebendig sie ist. Beate versteht nicht, warum es ihr immer wieder so schlechtgeht. „Immer, wenn ich dabei bin, mir etwas aufzubauen, dann höre ich in meinem Kopf so verrückte Dinge, so wie ich dir geschrieben habe: Du bist nichts und du kannst nichts. Du wirst es nie schaffen. Und ich fühle mich wie Scheiße.“ Sie schluchzt. „Es war schon mal so vor zwei Jahren. Da hab' ich gedacht, ich schaff' es. Und dann bin ich wieder in das Loch gerutscht und war auch wieder finanziell abhängig von meinen Eltern. Letzte Nacht habe ich sogar, was mir viele Jahre nicht passiert ist, ins Bett gemacht.“ (Mir fällt ein: Sie war als 14jährige noch Bettnässerin und damals jahrelang in Therapie.) Sie weint und spricht sehr schnell. Es sprudelt nur so. Ich höre, wie sie mit der Zunge anstößt, wenn sie ein „s“ spricht, so wie kleine Kinder es tun. Mir ist es schon oft bei ihr aufgefallen.

Ich tröste sie durchs Telefon, wie man ein Kind tröstet, und sage ihr, daß ich sie mag und daß gerade ihre „schlechten Gefühle“ ein Zeichen dafür sind, daß sie dabei ist, sich neu zu gestalten. „Kein Wunder, daß die Scheißdinge, die du gehört und erfahren hast, sich noch mal kräftig wehren und ihre Macht zeigen wollen – sie fürchten sich nämlich, daß du sie rausschmeißen könntest. Du bist schon dabei!“ sage ich. „Das ist etwas ganz Normales.“ Sie lacht, und ich merke, es geht ihr besser. Wir vereinbaren, daß sie jederzeit anrufen kann, wenn es ihr schlechtgeht.
Ich bin betroffen und auch etwas unruhig. Mir fällt ein, daß sie mit fünfzehn einen Selbstmordversuch gemacht hat.

Und dann auch noch ich . . .

Es ist einige Tage später. Sonntagmorgen. Peter feiert einen Familiengottesdienst zum Beginn der Sommerferien, bei dem auch einige Kinder getauft werden. Ich bin mit unseren Kindern diesmal zu Hause geblieben.
Die Sonne liegt leuchtend über dem Kornfeld hinter dem Haus, und der Garten ist erfüllt vom Summen der Bienen und vom Gesang der Vögel. Ich sitze noch ein wenig auf der Terrasse. Es ist gegen 11 Uhr, die Kirchenglocke läutet, der Gottesdienst ist zu Ende. Da klingelt es an der Haustür. Eine fast aufgelöste Beate fällt mir entgegen, Tränen strömen ihr übers Gesicht, sie schluchzt und schluckt. „So ein Gottesdienst . . . ist ja Wahnsinn . . . Und die kleinen Kinder . . .“ Sie weint, wischt sich die Augen. Ich nehme sie bei der Hand und gehe mit ihr auf die Terrasse. Drinnen schauen sich die Kinder gerade eine Kindersendung im Fernsehen an. O gelobtes Fernsehen – wenigstens manchmal! Sie haben mitbekommen, daß Beate weint, und ich sage ihnen, daß ich mit ihr reden möchte und sie trösten will.
Wir sitzen nebeneinander am Gartentisch, ich umarme sie. „Was hat dich denn so aufgewühlt?“ frage ich. „Der Gottesdienst; das, was Peter gesagt hat, die Babys, die getauft wurden

– es war so schön – es war auch so schlimm! Ich mußte eigentlich schon im Gottesdienst weinen. Aber als ich all die Gesichter sah, da habe ich mich so geschämt. Ich habe meine Haare vor mein Gesicht fallen lassen, damit mich keiner sieht. Schlimm, nicht weinen zu dürfen!"

Sie hat recht, denke ich. Wie schade eigentlich, daß in unseren Gottesdiensten sich kaum einer traut zu weinen, wenn ihn etwas bewegt . . . Ich sitze und halte sie noch. Ich merke, da will noch so viel heraus. Ich ermuntere sie, zu weinen. Da ist Schmerz, so viel Schmerz. Ist sie nicht wie ein Kind, das es so haben möchte wie eines der soeben getauften Kinder: Von einer Mutter im Arm gehalten unter der Zusage Gottes ‚Ich habe dich bei deinem Namen gerufen?' Und das sagt Beate dann:

„Ich möchte auch glauben, daß Gott mich mag, aber . . ."; sie stockt. „Ich schäm' mich so entsetzlich . . . Ich hab' so schreckliche Gedanken . . ." – „Und die sind so schrecklich, daß du nichts davon sagen möchtest? Was könnte passieren, wenn du sie mir sagst?" Sie stutzt. „Eigentlich – eigentlich nichts . . . Höchstens, daß du schlecht von mir denkst . . ." – „Willst du's riskieren. Ich sag' dir dann gern, was ich denke." – „Ich muß ständig denken . . .", sie schluchzt schon wieder, „ich müßte mich umbringen – ganz gewalttätig. Ganz gewalttätig müßte ich mich erschlagen; da ist so eine Stimme in mir: Erschlag dich, bring dich um!" Sie schluchzt hemmungslos. Ich streichle ihr das Haar. „Wer sagt das zu dir?" – „Ich weiß es nicht. – Es kommt mir vor, als wäre es meine Mutter. Sie wollte mich nicht haben. Ich war ihr zuviel. Ich weiß das. Ich hatte gestern erst so ein Horrorgespräch mit ihr, wo sie auf alles, was ich ihr vorgeworfen habe, sagte, ich bilde mir das alles bloß ein. Ich sauge mir das alles nur aus den Fingern. Und später, als wir dann beide heulend über das Drama unseres Lebens dasaßen, hat sie noch zu mir gesagt: ‚Du weißt ja gar nicht, was das heißt, schon drei kleine Kinder – und dann auch noch du!' UND DANN AUCH NOCH ICH!"

Sie bekommt kaum Luft, und ich sage: „Vergiß nicht zu atmen. Atme weiter!" Ich halte sie und atme mit ihr geräuschvoll die

Luft ein und aus. „Ja, gut so“, sag’ ich. „Möchtest du wissen, was ich von dir denke?“ Sie nickt. „Ich seh’ eine Beate, die viel Schlimmes erfahren hat. Ich mag dich. Und Gott mag dich auch. Ich weiß nicht, was in deiner Mutter vorging, als du geboren wurdest, ich weiß nur, daß jeder Mensch, der geboren wird, ein Recht hat zu leben.“ Beate wird ruhiger, während ich mit ihr rede. Immer noch halte ich sie im Arm. „Auch du hast ein Recht zu leben. Kannst du dir vorstellen, wie du warst als kleines Baby – auch so ein Baby, wie du es heute in der Kirche gesehen hast, wie es zur Taufe gebracht wurde? Magst du dieses Baby Beate in deinen Arm nehmen?“

Sie lächelt und schluckt. „Ich kann mir das so schwer vorstellen . . . Meine Mutter. – Da ist so viel Haß, so viel Wut, ich schäme mich so.“ – „Du brauchst dich deiner Gefühle nicht zu schämen. Du darfst sie haben.“

„Ich möchte am liebsten schreien, so wie bei Bertram in der Therapiestunde.“ Beate klingt kraftvoller. „Das ist schwierig hier draußen im Garten – du könntest höchstens mit mir hinuntergehen in die Sauna“, sage ich und lache ein wenig dabei. Sie lacht auch bei der Vorstellung, in der Sauna zu sitzen und zu schreien. „Aber toll, daß du es wahrnimmst. Es ist o. k. zu schreien, wenn man Schmerzen hat oder Wut. Vielleicht kannst du es bei Bertram, wenn du wieder Therapie hast.“ Sie nickt.

Ich sehe, wie sie dasitzt in dem flirrenden Sonnenlicht, verweint und zerzaust. Der Garten und seine Geräusche, der eine Zeitlang aus meinem Bewußtsein gedrängt war, strömt wieder in mich hinein. Ich spüre noch der Intensität der letzten Minuten nach. „Du, Beate. Ich möchte, daß du in der nächsten Zeit auf dich aufpaßt. Beim Radfahren zum Beispiel. Daß du dich nicht in einen Unfall stürzt oder dir sonst etwas antust.“ Sie nickt. „Ich habe schon selber daran gedacht, daß ich in Gefahr bin.“ – „Wirst du auf dich aufpassen?“ – „Ja“, sagt sie. „Und wenn du wieder solche verrückte Dinge hörst, dann höre nicht auf sie – jemand, der solche Sachen zu dir sagt, den darfst du fortjagen, hörst du?“ Sie nickt, wischt sich die Tränen weg.

Herausfinden, was für dich gut ist

„Da ist noch was“, Beate sagt es heftig. „Morgen muß ich meine Lehrstelle antreten, und ich will nicht. Es ist so absurd. Ich soll etwas anfangen, was gegen meine Überzeugung ist! Ich finde es schädlich, Leuten etwas aus Weißmehl zu verkaufen. Ich soll so etwas Sinnloses tun? Und dann meine Probleme mit dem Essen. Ich werde ja den ganzen Tag fressen.“ – „Was ist, wenn du die Stelle nicht antrittst?“ sage ich einfach. „Dann flippen meine Eltern aus! ‚Sei froh, daß du in deinem Alter diese Lehrstelle gefunden hast‘, so ähnlich hat mein Vater gesagt. ‚Das ist deine letzte Chance. Du brauchst einen Abschluß.‘“ Mir ist, als halte sie sich innerlich die Ohren zu. „Haben sie recht? Was meinst du? Glaubst du auch, daß es deine letzte Chance ist?“ – „Nein, nein, ich glaube es nicht! Ich möchte etwas Sinnvolles tun. Vielleicht schon irgendwas Handwerkliches oder mit Menschen umgehen. Ich weiß nicht genau, was, aber in einer Konditorei arbeiten, das will ich nicht!“ – „Gut, dann sag deine Lehrstelle ab, wenn es so ist.“ Sie schaut mich entgeistert an. „Du meinst, das kann ich?“ In ihr Gesicht kommt ein verstecktes Strahlen. „Wirklich, du meinst, das geht?“ – „Ja“, sage ich, „wichtig ist, daß es *deine* Entscheidung ist. Ich glaube, du bist gerade erst dabei herauszufinden, was für *dich* gut ist, da brauchst du auch noch Zeit für die Berufswahl.“ Ich kläre noch mit ihr, ob sie sich finanziell mit Jobs in der nächsten Zeit über Wasser halten kann, so daß Miete und Essen gesichert sind, da ihr Vater seine monatlichen Zuschüsse ab morgen einstellen wird. Beate rechnet es durch und kommt zu einem guten Ergebnis.

Es ist zu spüren, wie Steine und Ketten von ihr abfallen, wie neue Energie sie durchströmt – da sitzt ein strahlendes Mädchen vor mir, das sich einer neugewonnenen Freiheit bewußt wird!

Die Kinder kommen hinaus auf die Terrasse, sie bringen ihre Lebendigkeit zu unserer. Peter ist von der Kirche wieder da und setzt sich zu uns. Wir erzählen ihm, welchen Entschluß Beate gefaßt hat. Er freut sich mit uns. „Jetzt kommt alle mit auf die

Gemeindewiese zum Taufessen!“ sagt er. Zwei Familien feiern unter den schattigen Bäumen neben der Kirche die Taufe ihrer Kinder. Wir sind schon länger eingeladen. „Klar, Beate, du gehörst auch dazu!“ sage ich, und sie kommt gerne mit, taucht ein in die Menge fröhlicher junger Leute. Sie ist wie ausgewechselt, lacht, plaudert mit ihr bisher Fremden, sucht vertraute Gesichter aus der Zeit, als sie noch im Ort wohnte und im Konfirmandenkurs war. Es ist ein wunderschöner Mittag! Ich spüre aber auch, wie müde ich bin, und ziehe mich nach einer Weile in den eigenen Garten zurück auf meinen Lieblingsplatz, in den Schatten unserer Linde, deren Blüten duften, in denen unzählige Bienen summen. Auch Peter und die Kinder kommen bald nach, und wir verbringen zusammen einen schönen Nachmittag. Später taucht Beate wieder bei uns auf aus der fröhlichen Taufgesellschaft mit strahlenden Augen und voller Leben.
Wir phantasieren noch ein wenig, wie sie ihren Entschluß am nächsten Tag ihrer Konditormeisterin verständlich machen könnte, um sich gut aus dem Lehrvertrag zu lösen. Und ich vereinbare mit Beate, daß sie mich anrufen wird, um vom Ausgang des Gespräches zu berichten. Dann fährt Beate nach diesem ereignisreichen Sonntag heim.
Und es geht gut: „Hallo, hier ist Beate!“ Sie klingt kraftvoll am Telefon. „Das Gespräch verlief ganz prima. Die Meisterin war sehr verständnisvoll, als ich ihr von meinem Problem mit dem Essen erzählte. Das hatte ich nicht erwartet. Sie hofft zwar, daß ich meine Meinung noch ändere. Aber ich bleibe bei meinem Entschluß.“ Ich freue mich mit ihr. Sie hat sich sogar schon um verschiedene Jobs gekümmert, so daß ihr Unterhalt zunächst gesichert ist.

Was ist eigentlich mit Beate los?

Diese Frage hat mich ständig begleitet, seit Beate uns zugeflogen war. Was ist eigentlich mit ihr los? Was hat sie uns über sich mitgeteilt?

Da ist einmal ihre Sehnsucht nach Heil, nach Sinn und nach Farbe in ihrem Leben. Und dagegen stehen ihre Unwertgefühle und die „verrückten" Botschaften im Kopf: „Bring dich doch um!"

Woher dieser Drang kommt, lieber tot zu sein, dem ist sie selbst auf der Spur. Daß es sich um sehr frühe Erfahrungen handeln muß, ist zu vermuten. Im Gespräch mit ihrer Mutter trifft es sie wie ein Blitz, was sie emotional schon länger gespürt hatte: „Ich war nicht gewollt. Ich hätte gar nicht mehr geboren werden sollen!" So zumindest interpretiert Beate den verzweifelten Aufschrei ihrer Mutter: „Du weißt nicht, was das bedeutet, drei kleine Kinder zu haben und dann dich noch als viertes zu bekommen!"

Das ist wohl eine Wurzel ihrer Depressionen und Selbstmordphantasien. Ich weiß, daß in vielen psychologischen Untersuchungen aufgezeigt wird, wie sensibel Babys auf ihre Umwelt reagieren. Wie durch Schwingungen schon ein Neugeborenes wahrnimmt, ob die Mutter sich ihm liebevoll zuwendet, es trägt und mit ihrem ganzen Körper ausdrückt: „Ich mag dich. Schön, daß du da bist!" oder ob sie selbst vielleicht verzweifelt, traurig und alleingelassen, das Kind nur als Ballast empfinden kann. Letzteres scheint Beate gespürt zu haben, und das hatte Auswirkungen auf ihr Lebensgefühl.

Aber welche? Ich weiß noch wenig über ihre frühe Kindheit und die Familiensituation. Aber ich weiß, daß Kinder, die in irgendeiner Weise das Gefühl hatten, nicht willkommen zu sein, ganz unterschiedliche Wege gehen, um ihre Angst und Verzweiflung *abzuwehren.* Manche werden auffallend ruhige, angepaßte, „brave" Kinder, die sich das Schreien abgewöhnt haben, weil ja doch niemand kommt und Aufmerksamkeit schenkt. Im Gegenteil, wenn sie schreien, wird Mutter ja ärgerlich. Wenn sie aber „schön brav" und ruhig sind, ist Mutter zufrieden, und sie bekommen wenigstens etwas Zuwendung.

Andere Kinder werden besonders schwierig, verweigern die Brust, spucken immer wieder die Milch aus, so als wollten sie zeigen: Das ist nicht die richtige Nahrung für mich. Oder sie werden krank und bringen ihre Umwelt zur „Verzweiflung",

die sich dann zwar um das kranke Kind kümmen muß, aber oft damit überfordert ist herauszufinden, was dem Kind wirklich „fehlt“, nämlich Liebe und bedingungsloses Annehmen.
Ich frage mich, wie Beates Eßverhalten mit all dem zusammenhängt. Daß es solche Zusammenhänge mit sehr frühen Entscheidungen in ihrem Leben gibt, ist zu vermuten. Ich hatte mich bisher noch nicht mit Eßsucht zu beschäftigen. Jetzt werde ich neugierig. Ich möchte Beate darauf ansprechen, mehr von ihr erfahren, wenn sie darüber reden mag.
Und ich möchte mir klar darüber werden, *wer ich* für Beate sein kann. Ich bin nicht ihre Therapeutin. Ich bin Theologin von Beruf, 38 Jahre, im Moment eher Familienfrau und dabei, zusammen mit meinen drei Kindern auch meine eigene Kindheit neu zu entdecken. Zur Zeit mache ich eine psychologische Zusatzausbildung, bei der ich selbst immer wieder auf neue Zusammenhänge stoße. Ich bin selbst innerlich unterwegs, sicherlich auf ganz andere Weise als Beate, aber ihre Fragen sind mir nicht fremd.
Was kann ich also für sie tun? Ich kann mich für sie öffnen und ein Stück des Weges mit ihr gehen. Ich kann auch meine Familie ein Stück weit für sie öffnen, wenn sie es braucht. Mir geht nahe, mit welcher Distanz sie ihre Mutter immer wieder „Frau R.“ nennt und wie wenig Kontakt sie zu ihrem Vater hat. Darin kommt mehr zum Ausdruck als die Scheidung ihrer Eltern, als sie zwölf war.
Dieses Öffnen für Beate geht nicht ohne Absprache. Ich bespreche dies zunächst mit meinem Mann, und wir kommen überein, daß ich in erster Linie Beates Ansprechpartnerin bin. Beate redet uns in ihren Briefen zwar immer noch beide an. Aber am Telefon verlangt sie meist mich. Kommt es daher, daß ich mehr Zeit habe oder daß ich eine Frau bin und sie im Moment mehr „Mütterliches“, „Weibliches“ braucht?
Gut finde ich, daß sie eine Therapie angefangen hat. Allerdings ist ihr Therapeut im Moment für zwei Monate nicht da. Umso wichtiger scheint mir zu sein, daß sie anderswo Kontakt sucht, und dabei helfe ich ihr und nehme das sehr ernst.

Lieber essen als sich umbringen

Es sind einige Tage vergangen seit dem Sonntag, an dem Beate bei uns war. Nun kommt sie mit dem Rad von München „auf einen Sprung“ vorbei. Sie hat in der Nähe etwas zu erledigen. Ich freue mich über die Kraft, die sie ausstrahlt. Für eine halbe Stunde mache ich mich frei, um mit ihr ungestört reden zu können. Beate erzählt über ihre verschiedenen Jobs, von der rheumakranken Frau, die sie einmal in der Woche versorgt, von ihrem Zimmer in der kleinen Altbauwohnung, das sie gerade schöner gestaltet. Und sie redet auch von ihrer Schwierigkeit mit dem Essen.

„Einmal esse ich die Menge von zwei bis drei Mahlzeiten, und dann am nächsten Tag esse ich wieder ganz wenig, höchstens ein bißchen Obst. Aber ich kriege es nicht in den Griff“, sagt sie.

„Seit wann hast du denn Probleme mit dem Essen?“ – „Irgendwann in der Pubertät fing das an, so mit fünfzehn.“ Mit fünfzehn hatte sie auch einen Selbstmordversuch mit einer Überdosis Tabletten gemacht, war dann von zu Hause in ein Lehrlingsheim weggezogen. „Eigentlich ist das doch ganz clever“, sage ich. „Lieber essen als sich umbringen!“

„Ja, so habe ich das noch nie gesehen.“ Beate muß lachen. Sie fährt dann bald wieder, aber am nächsten Tag liegt ein Brief von ihr im Briefkasten.

Liebe Hannelore, lieber Peter.

Heute habe ich seit knapp zehn Tagen das erste Mal wieder richtig geschlafen. Jetzt, wo ich das erste Mal wieder Ruhe habe für ein paar Stunden ohne Druck und Drang, möchte ich etwas Wichtiges erledigen. Ich möchte Dank sagen. Danke für Eure Hilfe, für Peters Hilfe vor einem Jahr und Hannes Hilfe die letzten Male und am Sonntag. Ich habe zutiefst das Gefühl, daß es richtig war, nein zu sagen zu dieser Lehrstelle. Ich bin ruhig und glücklich, und zwar erschöpft vom Kampf der letzten aufreibenden Tage, aber zugleich mit großer Kraft und Mut und Zuversicht.

Danke für Eure offenen Ohren, Eure Arme und Eure Herzen und daß von Euch ehrliche und glaubwürdige Worte kommen. Daß Ihr für mich dagewesen seid, als ich Euch brauchte, das waren für mich ganz enorm wichtige Erfahrungen, Balsam für mein Rückgrat, so daß ich nicht mehr wacklig stehe, sondern gerade, mit offenen Kanälen meiner Kraft und einem Rückgrat. Könnt Ihr verstehen, was ich meine?

Kann ich auf Gott zählen?

Und dann macht Beate in ihrem Brief einen verblüffenden Sprung. Sie fragt nach Gott. Es ist mehr als eine intellektuelle Frage:

Peter, Du hast in Deiner Predigt gesagt, daß es Gottes Segen gibt und daß das nicht nur leere Worte sind. So habe ich das in Erinnerung.

Es kann aber auch sein, daß es nicht genau stimmt, weil bei mir so viel gleichzeitig lief in der einen Stunde. Was bedeutet das aber? Und wenn ich Gott um einen Rat bitte, vielleicht um Hilfe bei einer Entscheidung, wie nehme ich die Antwort wahr, so daß ich sicher weiß, das ist seine Stimme, seine Antwort – so wie Abraham das wußte?

Diese Sache mit Glauben und Jesus und Gott beschäftigt mich sehr. Mir ist aufgefallen, der Meister hat gesagt, daß Gott die Welt nie ohne einen Gottessohn läßt. Immer ist einer da. Vor zweitausend Jahren Jesus, und dann noch viele wie Buddha, Mohammed etc. Bloß von denen habe ich nie gehört, daß sie wieder auferstanden seien. Wieso glaubt Ihr z. B. gerade an Jesus und nicht an Buddha? „Gott sagt zu dir: Ich hab' dich lieb, ich wär' so gern dein Freund. Und das, was du allein nicht schaffst, das schaffen wir vereint." So heißt es in einem Lied. Ich finde diese ganzen Glaubenssachen sehr verwirrend.

Wie kann ich Gott erfahren? Habt Ihr da einen heißen Tip – wo Ihr doch Leute vom Fach seid!

Ich glaube, daß Jesus, wenn es ihn gibt, lieber gerade, klare, ehrliche Menschen will, so wie auch er voller Liebe und Kritik war; z. B. beim Basar vor dem Tempel. Ich glaube, daß er keine Duckmäuser wollte, die aus lauter Angst und Furcht gläubig sind. Also: Gibt es bei Euch die Möglichkeit für Gespräche und Erfahrungen? Und meint Ihr, daß ich auf Gott bei meiner Lebensplanung zählen kann?

In einer Nachschrift berichtet Beate noch, daß ihre Mutter den Ausstieg aus dem Lehrvertrag ruhig und gefaßt entgegengenommen hat. „Und was jetzt?" hat sie gefragt. „Ich suche eine gute Ausbildung, würde gerne den Professor für Menschsein machen", schrieb Beate als Antwort.

Ich freue mich über den Brief, die Empfindsamkeit, die darin zum Ausdruck kommt. Die Fragen nach Gott und dem christlichen Glauben berühren mich sehr. Ich spüre die Frage nach dem letzten Grund unseres Seins angesichts eigener tastender Schritte. Am liebsten möchte ich mich hinsetzen und eine lange Antwort schreiben. Daß ich dies dann doch nicht tue, hängt sicher nicht nur damit zusammen, daß ich noch so viele Urlaubsvorbereitungen zu treffen habe – z. B. warten Berge von Wäsche im Keller. Vielmehr habe ich den Eindruck, daß eine intellektuelle Auseinandersetzung mit Gott Beate im Moment nicht weiterhilft. Sie will ja Gott erfahren, und diesen Raum der Erfahrung Gottes braucht sie zuallererst. So schicke ich ihr zunächst nur ein kleines Buch von Jörg Zink („Eine Hand voll Hoffnung") zum Zeichen, daß ich sie gehört habe, als einen Gruß und als Dank für ihren Brief.

Wenn ich gern lebe, kommt der Zerstörpunkt

Die ersten Urlaubstage verbringen wir bei Freunden.

Vor der Weiterreise kommen wir noch einmal nach Hause. Da wartet auf der Fußmatte ein zusammengefalteter Zettel in unverkennbarer Beate-Schrift. Ich bin beunruhigt. Als ich die Nachricht überfliege, verstärkt sich meine Beunruhigung noch. Da steht:

Liebe Hanne, lieber Peter.
Zur Zeit melde ich mich oft bei Euch – hoffentlich nicht zu oft. Ich war heute in Eurem Gemeindezentrum in der Teestube. Aber da waren bloß so junge Leute, und die haben auch alle schon eine Beschäftigung gehabt.
Mir geht's an einem wichtigen Punkt sehr mies. Und ich komme damit allein im Moment nicht klar. Und weil Ihr beide eine Ahnung von Psychologie habt, wollte ich mal mit einem von Euch ein paar Minuten telefonieren. Alle meine Stützpunkte in München sind nämlich in Urlaub. Im Prinzip geht es einfach darum: Immer wenn ich mir etwas aufgebaut habe und mir mein Leben so einrichte, daß ich gerne lebe und wieder normal esse, fange ich nach einer Weile an, mir alles kaputtzumachen. Das habe ich jetzt schon ein paarmal erlebt. Damit komme ich nicht klar. Dazu kommt, daß ich ständig den Satz im Kopf habe: Mach dich kaputt! (Also körperlich.) Am Sonntag habe ich davon ja schon ein bißchen erzählt. „Erschlag dich!" Ich komme da im Moment nicht raus und komme mir vor, als ob ich bloß noch aus angepaßtem Kind und kritischem Eltern-Ich bestehen würde ... Vielleicht brauche ich einfach bloß eine Starthilfe – wie das Fremdstarten beim Auto.
Wenn ich mit Leuten zusammen bin, dann geht es besser, weil ich abgelenkt bin. Aber wenn ich allein bin, dann ist es wieder voll da. Ich fresse viel und fühle mich gar nicht wohl. Ich möchte gern endlich diesen Punkt überwinden und meinen Weg gehen können, ohne jedesmal nach drei Monaten von vorn anfangen zu müssen, weil dann der Zerstörpunkt kommt.
Ich weiß, Ihr seid nicht meine Therapeuten. Ich will auch keine Opfer-Retter-Beziehung aufziehen. Aber vielleicht habt Ihr ein paar Minuten Zeit für ein Gespräch am Telefon ...
Wir sind in Sorge. Ich telefoniere am nächsten Tag trotz Urlaubs ausführlich mit Beate. Ich frage, wie es ihr geht, und sie erzählt, was sie geschrieben hat: Selbstmordgedanken – Fressen – Angst, sich gerade dadurch kaputtzumachen – Angst, weil alle ihre „Stützpunkte" verreist sind; auch ihr Therapeut ist für zwei Monate in Amerika.

Erste Hilfe tut not, denke ich. Beate ist stark selbstmordgefährdet. Wie kann ich sie schützen? Ich bin nur für einen Tag mitten im Urlaub zu Hause. Wieder ein „Stützpunkt" weniger aus ihrer Sicht. Wie kann sie die Panik überwinden, in der sie steckt, das Gefühl, allein und ausgeliefert zu sein?

Der Vertrag

Bob und Mary Goulding, ein amerikanisches Therapeutenehepaar, haben in ihrer Arbeit mit selbstmordgefährdeten Klienten den „Non-suizid-Vertrag" entwickelt. Das ist eine Absprache mit dem Gefährdeten, sich für einen bestimmten, überschaubaren Zeitraum nichts anzutun oder sich selbst in keine gefährliche Situation zu bringen. Daran denke ich im Moment.
Also sage ich: „Du, ich habe den Eindruck, daß du im Moment in einem Zustand bist, wo du in Gefahr bist. Bist du einverstanden, wenn wir einen Vertrag schließen, daß du dir zunächst in den folgenden zweieinhalb Wochen, solange ich in Urlaub bin, nichts antun wirst, weder absichtlich noch unabsichtlich?" – „Ja, o. k. – so einen Vertrag habe ich noch nie gemacht." In Beates Stimme ist ein bißchen Zögern und gleichzeitig Neugier des Kindes, das gerne bereit ist, etwas Neues auszuprobieren.
„Dann hol dir mal Papier und etwas zum Schreiben!" sage ich.
„Was soll ich schreiben?" fragt sie, als sie wieder am Telefon ist.
Mir kommt die Idee, daß das übermäßige Essen bei Beate eine Art Überlebensfunktion haben könnte und daß es daher in so einer Krise richtig wäre, ihr die Erlaubnis zum Essen zu geben.
Ich diktiere also: „Ich, Beate R., werde mir weder absichtlich noch unabsichtlich das Leben nehmen oder mich in Gefahr bringen. Wenn es mir schlechtgeht, werde ich lieber essen . . ." Ich stocke. Beate stockt auch und fragt: „Wie meinst du das, ich soll essen?" – „Ja", sage ich, „mit dem vielen Essen hast du dir – so glaube ich – eine Möglichkeit gesucht, wie du überleben kannst. Es ist besser, du ißt, als daß du Tabletten schluckst oder sonst irgendwie in Panik gerätst."

„Ich dachte immer, ich mache mich mit dem vielen Essen kaputt", sagt Beate. „Es ist klar, daß du dir auf die Dauer damit schadest, und wir können nach meinem Urlaub noch mal ausführlicher darüber reden, aber jetzt bleib bei dem, womit du dir bisher geholfen hast. Wir können es auch anders formulieren: ‚Wenn es mir schlechtgeht, werde ich mit dem Essen gut für mich sorgen.' Bist du damit einverstanden?" Beate antwortet: „Ja, das klingt gut, das gefällt mir."
Nachdem ich weiß, daß es gut ist, einen solchen Vertrag zunächst für einen überschaubaren Zeitraum zu schließen, mache ich mit ihr einen festen Termin in der Woche nach unserem Urlaub aus, wo sie zu mir kommen wird. Auch das fügt sie in den Vertrag ein. Ich frage, ob sie im Moment noch Kontakte in München hat, Freunde, mit denen sie in den nächsten zweieinhalb Wochen mal reden kann. Ein Mädchen fällt ihr ein. Ich gebe ihr die Nummer der Telefonseelsorge für den Fall, daß sie schnelle Hilfe braucht. Und als letzten Satz schreibt sie also: Wenn ich Hilfe brauche, werde ich die Telefonseelsorge anrufen. Unterschrift: Beate R.
Nachdem ich diesen Vertrag mit ihr durchgearbeitet habe, habe ich den Eindruck, ein Stück erster Hilfe getan zu haben. Beate kann in den kommenden Wochen mit sich umgehen, und ich habe auch für meine Entlastung gesorgt, daß ich beruhigt auf Urlaub fahren kann.

Abgespeiste Gefühle

Zwei Wochen später sind wir wieder im Lande. Ich rufe Beate noch vor dem vereinbarten Termin an. Sie klingt gut am Telefon. Ich bin gespannt, was sie erzählen wird, wenn sie am darauffolgenden Tag kommt.
„Wie ging's dir mit deinem Vertrag?" frage ich.
„Ich weiß nicht, ob der Zettel mich im Ernstfall abgehalten hätte", meint sie. „Tatsache ist, du lebst!" sage ich. „Und wie ich sehe, geht es dir besser." – „Ja, es hat mir auch gutgetan, mit

dem Essen gut für mich zu sorgen, obwohl – gefressen hab' ich auch immer wieder."
Ich bin neugierig. „Du, erzähl doch mal genauer, bei welchen Gelegenheiten du anfängst zu fressen!" sage ich. „Besonders an den Wochenenden, wenn ich allein in der Wohnung bin. Vor allem dann, wenn mein Mitbewohner nicht da ist. Wir sind nicht gerade dick befreundet, aber früher sind wir wenigstens manchmal zusammengesessen. Jetzt hat er seinen eigenen Freundeskreis und ist oft weg. Und wenn ich so allein in der Wohnung bin, kommt so viel hoch. Schmerz, Angst, ich weiß nicht, ich muß dann einfach essen." Ich bin weiter neugierig. „Wie war das früher, als du noch klein warst? Wenn du da traurig warst oder Schmerzen hattest, oder sonst irgendwie deine Mutter gebraucht hättest – was hat Mutter da getan, wenn du zu ihr kommen wolltest?"
„Ach – ich – meine Gefühle waren nicht weiter wichtig. Ich wurde irgendwie abgespeist." – „Abgespeist – ein wichtiges Stichwort – fällt dir dazu etwas ein?" – „Ja, jetzt, wo du das so betonst – klar. Ich hab' auch mal so 'ne Art Tagtraum gehabt. Da hab' ich eine Riesenbabyflasche gesehen, die in mich hineingestopft wurde. Schrecklich."
„Also Essen reinstopfen, damit du ruhig warst?" – „Ja, wahrscheinlich." – „Weißt du etwas über deine ersten Lebensmonate – war da irgend etwas in diesem Zusammenhang?" – „Ich weiß, daß ich zuerst die Babynahrung nicht vertragen habe und immerzu Durchfälle hatte. Ich habe viel geschrien. Meine Mutter hat immer wieder die Babynahrung gewechselt. Es hat alles nichts genützt. Mit vier oder fünf Monaten war ich dann deswegen einige Wochen in der Klinik."
Als Baby in einer Klinik sein – wie schrecklich das ist, weiß ich aus der einen Woche, die ich mit unserem jüngsten Kind, als es acht Monate war, in einer Münchner Klinik verbracht habe. Dominik hatte damals eine schwere Darminfektion. Ich konnte zwar bei ihm bleiben und habe ihn rund um die Uhr versorgt, trotzdem konnte ich ihm ja nicht die Schmerzen und den Schrecken abnehmen. Ein ganzes Jahr lang, als er längst zu Hause war, schreckte er nachts mehrmals, von Alpträumen ge-

plagt, hoch und ließ sich nur durch Hautkontakt beruhigen. Das fiel mir ein, als Beate davon erzählte, wie es ihr als kleines Kind ging. Ich mußte an andere Babys denken, die ohne Mutter in der Klinik waren, wie sie bis zur Erschöpfung in Nachbarzimmern schrien. Aber da hatte niemand Zeit für sie. Sicher war das vor zwanzig Jahren auch nicht anders gewesen.

„Wie schlimm mag das für dich gewesen sein – zuerst immer die falsche Nahrung zu kriegen, nie das, was du wirklich vertragen konntest und gebraucht hättest, und dann auch noch von Mutter verlassen zu werden. Ich sehe das vom Babystandpunkt aus, nicht vom medizinischen." Sie nickt. Ich erzähle ihr auch kurz von meiner Erfahrung mit Dominik. Es ist sicher neu für sie, das einmal so zu sehen. „Weißt du, wie es nach der Klinik mit dem Essen war, als du als Baby wieder zu Hause warst?" – „Ich glaube, dann gab es nicht mehr so viele Probleme mit der Babynahrung, da hab' ich dann gegessen, vor allem feste Nahrung." – „. . . oder geschluckt, was man dir gegeben hat", denke ich. Ob da ein Schlüssel liegt für ihre Freßanfälle? Lieber essen und überleben als auf die eigenen Bedürfnisse achten. Essen in sich hineinstopfen wäre dann überlebenswichtig für sie gewesen in einer Zeit, in der sie noch zu klein war, um sich zu wehren.

Ich bin nicht ihre Therapeutin und will nicht in einen tieferen Therapieprozeß einsteigen. Aber ich sage ihr doch: „Vielleicht ist da ein Zusammenhang mit deinem Essensproblem, daß du beschlossen hast, lieber zu essen und zu schlucken, was man dir gibt, und damit zu überleben, als zu schreien und draufzugehen. Im Grunde war das ganz schön pfiffig von dir, du solltest dich dafür loben, anstatt dir jetzt ständig ein schlechtes Gewissen zu machen, wenn du wieder zuviel gegessen hast."

„O", sagt Beate, „das ist sehr ungewohnt für mich, das einmal so zu sehen", und lacht dabei. „Wenn du dir jetzt einfach mal klarmachst, was du wirklich brauchst, und auch deine Gefühle mehr zulassen kannst, dann brauchst du dich – glaube ich – nicht mehr automatisch mit Essen vollzustopfen. Magst du dir in der nächsten Zeit die Erlaubnis geben, dich selbst zu fragen: Was brauche ich? Zum Beispiel, was möchte ich essen, worauf habe ich Appetit, wozu habe ich Lust? Du hast als Baby nicht das bekommen, was du gebraucht und gewollt hast. Aber ich glaube, das kann man ein Stück weit nachholen, nicht indem man wieder ein Baby wird, sondern indem man sich selber die Erlaubnis gibt, die Bedürfnisse zu spüren: daß ich Hunger habe, daß ich in den Arm genommen werden möchte, daß ich's schön warm und kuschelig haben will, daß ich gemütlich in der Badewanne liegen möchte und mich danach schön eincremen, so daß ich den Körper ganz elementar spüre. Verstehst du, was ich meine?"

Sie nickt. „Also, jeden Tag dem Baby in dir für eine bestimmte Zeit Erlaubnis geben, sich zu melden. Dazwischen brauchst du natürlich dein Erwachsenen-Ich, indem du dir den Tag gestaltest und deine Arbeit machst. Dein fürsorgliches Eltern-Ich kannst du einsetzen, gut für dein kleines Baby-Ich zu sorgen!"

Unterschiedliche Ansätze

„Daß ich gut für mich sorgen soll, das gefällt mir", sagt Beate. „Neulich bei Bertram in der Therapiestunde, da bin ich auch bis ins Babyalter zurückgegangen. Ich hab' geschrien auf der Matratze – ich kam mir wirklich vor wie ein ganz kleines Baby! Und dann hat Bertram gefragt, ob ich eine Babyflasche möchte. ‚Ja habe ich da gesagt, warum nicht?' Und da ist er schnell in die Kochecke gesaust und hat eine Milchflasche warm gemacht. Ich hab' dann genuckelt. Er hat mich gehalten wie ein Baby. Ich hab' noch gedacht: Hoffentlich bin ich ihm nicht zu schwer. Dann war ich nur noch klein und sensibel. Und Bertram hat leise auf mich eingeredet, daß es schön ist, daß es mich gibt. Daß ich Schlimmes durchgemacht habe. Aber daß es jetzt vorbei ist. Und daß ich mir jetzt auch andere Leute suchen darf.
Ich hab' einmal mittendrin gedacht: Das sagt er bestimmt nur, weil er ein Therapeut ist. Was hat denn Bertram davon, daß ich lebe? Aber trotz meines Mißtrauens war es eine enorm wohlige Erfahrung, und ich war selig und glücklich."

„Eine wichtige Erfahrung hast du da gemacht!“ sage ich. Sie lacht ein wenig verlegen. „Und jetzt hab' ich sogar eine Babyflasche bei mir zu Hause.“ – „Gut“, sage ich, „wenn du magst, tu dir was Schönes rein, etwas, was du gerne trinkst. Und trink aus deiner Babyflasche. Mir fällt unser ältester Sohn dazu ein. Er war fast neun Jahre alt, als unser jüngstes Kind geboren wurde. In dieser Zeit konnte es vorkommen, daß er am Abend, wenn ich ein Fläschchen vorbereitete, sagte: „O Mami, kann ich auch ein Fläschchen haben?“ Und er bekam auch eins, mal gefüllt mit warmer Milch, mal mit Tee. Und dann lag er gemütlich nuckelnd im Bett und las seinen Karl May oder ähnliches. Vielleicht kannst du dir's auch so einrichten?“ Beate lacht. „O. K., werde ich machen!“

Dann erzählt sie noch, daß sie in den letzten Wochen Kontakt aufgenommen hat mit einer O.-A.-Gruppe (Overeaters Anonymous), einer Organisation, die sich nach ähnlichen Grundsätzen wie die der Anonymen Alkoholiker zusammengeschlossen hat mit dem Ziel, Eßsüchtigen zu helfen.

„Es tut einfach gut, in so einer Gruppe zu reden“, sagt Beate. „Man merkt sofort, alle verstehen, was du meinst, wenn du dein Problem mit dem Essen schilderst.“

„Toll, daß du da Kontakt gesucht hast“, sage ich. Sie erzählt, daß die O. A. mit festen Essensplänen arbeitet, daß sie davon ausgeht, daß man akzeptieren muß, ein Leben lang eine Süchtige zu sein.

„Nur“, sage ich, „besteht ein Unterschied zu Alkoholsüchtigen oder Drogenabhängigen, bei denen radikaler Entzug auf Dauer nötig ist. Du aber mußt ja weiteressen. Du mußt also lernen, gut und sinnvoll mit dir und dem Essen umzugehen. Ich glaube, daß es für dich im Moment besser ist, nicht Abmagerungs-Essenspläne zu befolgen. Denn du bist im Moment nicht eigentlich dick; sondern du solltest schauen, was du braucht, so wie wir es eben besprochen haben“.

Ich merke, hier stoßen verschiedene Konzepte zusammen; zumindest scheint es mir so. Mein Konzept ist es im Moment, Beate die Erlaubnis zu geben, daß sie ihre Bedürfnisse spürt,

vor allem ihr Eßbedürfnis, verbunden mit dem Bedürfnis nach Kontakt. Ich glaube, davon hat sie etwas verstanden.
Für heute ist alles Wesentliche gesagt. Wir gehen noch ein bißchen mit Dominik spazieren, rund um den Entenweiher, plaudern über dies und jenes, und dann fährt Beate mit der S-Bahn nach München zurück.

Eine vertrauensvolle Beziehung aufbauen

Immer mehr beschäftigt mich die Frage, welchen Prozeß Beate im Moment durchmacht und was ich für sie spezifisch tun kann. Als kleines, von seiner Umwelt abhängiges Kind war es für sie offensichtlich überlebenswichtig, ihre eigenen Gefühle und Bedürfnisse gerade *nicht* zu spüren und nicht zur Geltung kommen zu lassen. Essen, Schlucken, Gefühle abspeisen, sich anpassen und sich durch all das am Leben erhalten: das scheint ihr Muster gewesen zu sein. Und nun kommt sie in Kontakt mit ihren *eigenen* Gefühlen und Bedürfnissen, hört von ihrem Therapeuten und von mir, daß es gut ist, daß sie auf dieser Welt ist, und daß sie es sich auch gutgehen lassen darf. Und schon bricht ein Konflikt auf. In ihrer eigenen Psychodynamik scheint es gefährlich für sie zu sein, wenn sie ihre Wünsche und Gefühle ernst nimmt. Was sie früher ganz anders erfahren und verinnerlicht hat, steht nun auf und tritt in Konkurrenz zu den neuen Elternbotschaften.
Bei ihren Selbstmordphantasien ist mir klargeworden, wie nötig sie jetzt Schutz braucht. Sie braucht im Grunde eine feste, längerfristig soziale und therapeutische Beziehung, in deren Schutz sie Altes abstreifen und neue Schritte wagen kann.
Nicht lediglich ein Vertrag hielt sie davon ab, sich selbst umzubringen, sondern daß sie eine Beziehung als tragfähig und vertrauensvoll annimmt, so daß sie gerne am Leben bleibt. Der „Zettel" war nur ein Hilfsmittel, allerdings ein wichtiges und greifbares.

Was kann meine Rolle in diesem Prozeß Beates sein? Mit Helmut, meinem Lehrtherapeuten, bespreche ich das auf einem Ausbildungsseminar. Er meint, Beate brauche im Moment eine Art „bonding", nachdem sie in ihrer frühen Kindheit nicht das bekommen habe, was sie wirklich benötigte. Also eine Beziehung, wo sie Verbundenheit, Nähe und Liebe spüren könne. „Das könnte so aussehen, daß sie von dir z. B. auch etwas zu essen bekommt und du sie dabei in den Arm nimmst, ganz regelmäßig, wie ein Baby alle zwei Stunden. Überlege, ob du das willst und ob du dir das auch zumuten kannst", sagt Helmut. Darüber muß ich erst nachdenken.
Ich kann Beate kein therapeutisches setting anbieten. In meinen Gedanken wirbeln meine drei quicklebendigen Kinder, und ich kann mir im Moment nur schwer vorstellen, ein viertes, großes Kind dazuzubekommen, dem ich mich regelmäßig widmen sollte in der Intensität, wie sie Helmut beschrieben hat.
Schließlich habe ich im Intercity auf der Rückfahrt nach München eine Idee: Ich werde Beate das Angebot machen, daß sie wöchentlich an einem gemeinsam festgelegten Tag zu mir kommen kann, und ich werde für sie kochen. Sie darf sich vorher überlegen, was ihr schmeckt und worauf sie Appetit hat, und ich werde das kochen, was sie sich wünscht. Danach will ich Zeit für sie haben zum Reden; oder wenn sie nicht reden mag, kann sie auch einfach nur da sein. Ich glaube, das kann ich mit meiner Familiensituation gut vereinbaren.
Wir besprechen das Vorhaben zu Hause. Das ist nötig, weil wir unsere Familie damit ein Stück weit öffnen, sehr viel stärker als durch die Telefonate und bisherigen Gespräche. Eine solche Öffnung scheint uns verkraftbar, weil es klare Vereinbarungen gibt, wann ich zu erreichen bin und wann nicht, wann ich ganz für Beate da sein kann und wann „anderes dran" ist. Solche klaren Abmachungen schützen und geben Sicherheit für Beate, für mich und für die Familie. Nur zu schnell ist sonst alles auf einmal „dran", und jeder kommt zur kurz. Mein Vorhaben ist auch auf dem Hintergrund dieser Überlegungen realistisch. Ich werde es mit Beate besprechen, wenn ich sie in den nächsten Tagen einlade. Wie wird sie reagieren?

Wünsch dir was zum Essen

Es ist wieder einmal einer dieser leuchtenden Spätsommertage Mitte September. Ich habe mir den Nachmittag Zeit genommen für Beate, die Kinder sind bei einer Freundin. Wir sitzen draußen auf der Terrasse mit dem Blick auf die abgeernteten Felder, in der Ferne der Wald. Die Bäume haben noch die Farbe des Sommers. Es ist schön, dazusitzen und Wärme auf der Haut zu spüren. Beate empfindet wohl ähnlich; sie dehnt sich in der Sonne und sagt: „Ist das schön hier! Immer, wenn ich komme, ist schönes Wetter!" Ich lache. Es stimmt wahrhaftig! Ich habe Waffeln gebacken und habe noch ein bißchen Kompott vom frischen Obst aus dem Garten. Wir essen und trinken, und dann frage ich sie, ob sie jede Woche einmal kommen mag zu einem Essen, das sie sich aussuchen darf.

Über Beates Gesicht breitet sich ein Strahlen aus. „Wirklich – ich kann es kaum glauben! Mir ist gerade so, als würde ich aus einer finsteren, grauen Welt plötzlich in eine bunte, leuchtende Welt kommen, wo früher immer nur die anderen waren." – „Magst du mehr über die bunte Welt sagen?" frage ich. „Da ist wirklich Leben, da gehen die Menschen gut miteinander um, da sagen sie sich, daß sie sich mögen . . . Ja, es ist halt alles bunt." Sie freut sich, und ich umarme sie. „Ja, dann wünsch dir mal etwas zum Essen für nächste Woche. Weißt du schon was?" frage ich. „Hm – schön", sagt sie, „da lass' ich mir noch Zeit zum Nachdenken. Ich ruf' dich an."

Ich begleite Beate noch bis zum Bahnhof. Vorher machen wir noch einen kleinen Rundgang um den Entenweiher. Ich bin gespannt, was sie sich zum Essen wünschen wird.

Zu schön, um wahr zu sein

Kaiserschmarren wünscht sie sich telefonisch und „so ein Kompott wie neulich". Es ist wieder Donnerstag nachmittag. Ich

will genügend Zeit haben für Beate und das Kochen. Deshalb sind die Kinder wieder bei meiner Freundin. Ich blättere im Kochbuch, Kompott steht bereit.
Um vier Uhr nachmittags klingelt es an der Tür, und eine fröhliche, erwartungsvolle Beate steht da. Sie kommt zu mir in die Küche, wo ich herumwerke, und erzählt ihre kleinen Erlebnisse der letzten Tage. „Soll ich dir helfen?“ fragt sie nach einer Weile. „Nein, danke“, sage ich, „du brauchst das nicht. Ich will heute für dich kochen, und du darfst dich heute so richtig bekochen lassen.“
„Hm – schön“, sagt sie und plaudert weiter. „Du kannst dich auch im Haus umschauen, wenn du magst. Bücher und Zeitschriften liegen genug herum.“ „O. K.“, sagt sie und stöbert ein wenig in einer Zeitschrift, die sie im Wohnzimmer findet.
Und dann essen wir zusammen Kaiserschmarren. Ich habe Unmengen davon gemacht. Sicher, es sollte auch noch für den Rest der Familie reichen.
Beate ißt – sie frißt nicht, sie ißt, gut und mit Appetit, und sie erzählt –, sie kommt mir vor wie ein Kind, das von der Schule heimkommt oder aus dem Kindergarten. Als sie satt ist, hilft sie mir beim Abräumen.
„Wie geht's dir jetzt?“ frage ich. „Weißt du, ich hab' jetzt so richtig Lust, spielen zu gehen, so wie ein Kind, das vom Tisch aufspringt und spielen geht“, sagt Beate. „Ja, tu das doch!“ sag' ich lächelnd. Sie geht ein bißchen auf die Terrasse, nimmt eine Zeitschrift mit, fragt, ob sie die haben kann wegen des Strickmusters. Ich merke, sie hat kein Bedürfnis, über irgendwelche Probleme zu reden, ist nur einfach da. Mir ist es recht so. Nachdem ich ein wenig in der Küche aufgeräumt habe, setze ich mich zu ihr in den Garten.
„Du“, sagt sie, „es ist einfach zu schön, um wahr zu sein, daß ich hier bin . . . daß ich wiederkommen kann . . . daß ich mir Essen wünschen kann.“ Zu schön, um wahr zu sein? Erst viel später klingelt es Alarm bei mir. Wenn es für sie *zu* schön ist – welche Steine wird sie sich in den Weg legen – damit es nicht schön bleibt?

Als angepaßtes Kind die Verantwortung weggeben?

„Eins wollte ich noch mit dir besprechen", sagte sie. „Der ‚Meister' ist am Samstag wieder in München. Ich kann sogar ein Einzelgespräch bei ihm bekommen. Ich überlege noch, ob ich hingehen soll." – „Was erwartest du dort?" frage ich. Sie zögert ... „Ich weiß nicht so recht ... Ich habe in der letzten Nacht vom Meister geträumt – ich habe das Gefühl, ich muß hingehen. Vieles, was er sagt, finde ich gut, nach wie vor. Und ich mag ihn einfach so gern."
Ich bin beunruhigt. Lange Zeit hat Beate den Meister nicht mehr erwähnt. Mein Eindruck war, sie habe sich distanziert. Daß da ein geheimer Sog von ihm ausgeht, dem sie sich offenbar noch nicht entziehen kann, merke ich bald. „Ich kann nur wenig dazu sagen", sage ich, „ich habe noch nichts von seinen Schriften gelesen. Aber ich glaube, daß du gerade dabei bist, dich auf eigene Füße zu stellen. Da halte ich es für einen Rückschritt, wenn du dich wieder in eine neue Abhängigkeit begibst." – „Ja", sagt sie, „dehalb zögere ich auch, aber ich werde hingehen. Wenn du willst, komm halt auch mal mit."
Ich hab' keine Zeit und mag auch nicht mitgehen, merke ich. Ein ungutes Gefühl bleibt mir, als sie später geht.
In den nächsten Tagen ruft Beate nicht an, um ihre Essenswünsche durchzugeben. Als sie sich schließlich meldet, teilt sie mit, daß sie überraschend für einige Tage mit Freunden in Wien war. Ob ich ihr böse bin, weil sie am verabredeten Donnerstag nicht zum Essen kommen kann, sie habe einen Job für diesen Tag, da müsse sie hin, ihre finanziellen Verhältnisse seien katastrophal.
Sie spricht schnell, ein wenig distanziert. Ich bin verwundert. „Gut, daß du dich jetzt meldest", sage ich. „Ich war schon beunruhigt." – „Ich komme dann die nächste Woche." Kein Wort vom Meister ... Ob sie ihm etwa nach Wien nachgereist ist? Inzwischen habe ich in den Schriften des Meisters herumgeblättert: Ein paar schöne Gedanken über die Einheit der Natur habe ich gefunden, etwas über das Gute und über das Böse, und

dann Aussprüche des Meisters, in denen er totalen Gehorsam von seinen Anhängern fordert, ja, sich Gott gleichsetzt.
Ein paar Tage später ist Beate wieder am Telefon. Sie wirkt ein wenig lockerer. Wir besprechen das Essen. „Ich wünsch' mir irgend etwas mit Lauch und Karotten und Kartoffeln", sagt sie. „Kannst du einen Auflauf machen?" – „Ich werd's versuchen."
Ich merke, daß mir solche Herausforderungen Spaß machen. An dem Nachmittag, an dem sie zu mir kommt, ist wieder strahlendes Wetter. Die Kinder sind diesmal zu Hause, spielen im Sand und kommen ab und zu zu uns. Beate erzählt, daß sie beim „Meister" war. „Er ist einfach toll, es war schön, ihn wiederzusehen", schwärmt sie. „Und dann bin ich nach Wien mitgefahren. Freunde, auch Anhänger des Meisters, haben mich mitgenommen. Und ich habe auch ein Einzelgespräch mit ihm gehabt."
Ich merke, Beate ist weit weg . . . Im Bannkreis des Meisters. Ich erzähle ihr, daß ich inzwischen in seinen Schriften gelesen habe. „Und wie gefallen sie dir?" fragt sie. „Er hat einige gute Gedanken, aber seinen Anspruch, das Heil zu wissen, und unbedingten Gehorsam zu fordern, halte ich für gefährlich. Er behauptete quasi, daß er Gott ist!" sage ich. „Er soll in Wien einigen Leuten gegenüber gesagt haben, daß er Gott ist, was er bisher noch nie so deutlich gesagt hat. Ich habe ihn dann auch noch persönlich gefragt, ob er das wirklich so meint. Aber er hat nur gelächelt und gefragt, ob ich meine Meditationen noch mache."

Der Denkfähigkeit trauen – oder: Mein Gott ist besser als deiner?

„Und das glaubst du?" frage ich. „Ich weiß nicht . . . Er hat so viele Voraussagungen gemacht, die eingetroffen sind . . ." Als ich nach Beispielen frage, nennt sie Verallgemeinerungen, Gesellschaftsprognosen, wie man sie in Zeitschriften finden kann, daß und wie es abwärts mit der Menschheit geht. Ich merke, Beate hat ihr Erwachsenen-Ich und ihr Denken ausgeschaltet.

Ich treibe es auf die Spitze und sage: „Wenn der Meister recht hat, haben dann alle anderen unrecht? Alle sind sie dann auf dem falschen Weg? Ich dann auch?" – „Ja", sagt sie, „das stimmt." Sie zögert dabei, diese Konsequenz ganz zu durchdenken.

Ich merke, es ist wie eine gläserne Wand um sie. Ich sehe keine Möglichkeit, an sie heranzukommen. Ich lese ein Zitat des Meisters vor, bei dem ich stutzig geworden bin, und frage sie: „Willst du das wirklich, dich so abhängig machen? Merkst du, wie der ‚Meister' die Menschen anspricht?"

„Er macht sie zu angepaßten Kindern", sagt sie. „Wieviel mehr beeindruckt mich da Jesus", sage ich, „da finde ich mich in meiner ganzen Persönlichkeit angenommen, da empfinde ich Entfaltung in Freiheit."

Ich mag plötzlich nicht mehr. Ich merke, ich lasse mich in ein Spiel verwickeln, wo jede ihren „Gott" verteidigt in dem Sinne „Meiner ist besser als deiner" oder so ähnlich.

„Wie weißt du, wer recht hat?" sagt Beate noch. „Ich stelle mir Gott nicht vor wie einen pingeligen, kleinlichen Richter, der uns nach der Richtigkeit unseres Glaubens abfragt, sondern da ist viel Weite und Liebe für alle und eine Einladung an uns, einen Weg zu gehen, den für mich am deutlichsten Jesus ausgesprochen und gezeigt hat. Mich beunruhigt es daher nicht, wenn einer kommt und sagt, er spreche jetzt als Stimme Gottes. Darauf hat Jesus schon selbst hingewiesen, wenn er sagt: ‚Es werden viele kommen und sagen, da oder dort ist der Messias, da oder dort ist der neue Bote Gottes. Glaubt ihnen nicht.'"

„Das steht in der Bibel?" fragt Beate erstaunt. Ich merke, im Moment wägt sie eine Autorität mit der anderen ab. „Macht nichts", denke ich, „wenn ihr Denken wieder einsetzt, können wir ein andermal das Gespräch fortsetzen."

„Ja", sage ich, „wenn Jesus zu seinen Jüngern sagt: ‚Glaubt ihnen nicht!', so heißt das für mich, wer einmal die Freiheit, die Liebe und die Nähe Gottes gespürt hat, von der Jesus spricht, der wird sich nicht wieder einfangen lassen in Abhängigkeiten."

Ich beende das Gespräch, indem ich in die Küche gehe, um das Essen vorzubereiten. Beate schaut ab und zu herein oder studiert Strickmuster in einer Zeitschrift. Wir plaudern über dies und jenes, jedoch nicht mehr über den Meister, während ich Lauch schneide, Kartoffeln schichte und Käse rühre.
Und dann versammelt sich die ganze Familie zum Essen. Beate ist ein wenig verlegen, merke ich. Sie ißt aber mit Appetit. Es geht recht lustig zu in unserer Tischrunde.
Nach dem Essen verabschiedet sich Beate recht schnell. Wir verbleiben so, daß sie anrufen wird, wenn sie wieder zum Essen kommen will. Ich bin nicht sicher, ob sie nächste Woche wirklich kommen wird – die gläserne Wand ist noch da, obwohl wir uns zum Abschied herzlich umarmen. Ich rede mit Peter über meine Erfahrung mit Beate an diesem Nachmittag. Auch er hat die Distanz gespürt.
Ein paar Tage später will Beate die Stelle in der Bibel wissen, wo Jesus über den falschen Messias spricht. Ich merke, sie denkt und verarbeitet, was ich ihr gesagt habe. Ich beschließe, ihrer Denkfähigkeit zu trauen, und lasse mich auf kein Rivalitätsspiel mehr ein.

Auf der Suche nach Zukunft

Durch einen Job, den sie ganz kurzfristig angenommen hat, verschiebt sie das nächste Treffen. Aber wir bleiben in telefonischem Kontakt. Zunehmend wird es ein Problem für sie, daß sie keine feste Stelle hat. Vorübergehend hat sie in einer Großbäkkerei am Fließband gearbeitet, aber dies ist nichts auf Dauer. Beim nächsten Treffen bei uns zu Hause besprechen wir dies. „Ich find' es aber gut, mal die Erfahrung mit dem Fließband gemacht zu haben", sagt sie. „Ich hab' mir früher nie vorstellen können, wie sich Menschen fühlen, die so eine Arbeit machen. Einfach leer im Kopf und abends kaputt. Ich weiß jetzt, daß ich so eine Arbeit nicht will."
„Woran hättest du denn Spaß?" frage ich. „Malen, etwas herstellen mit meinen Händen, aber auch der Kontakt mit Men-

schen wäre mir wichtig. Ich weiß nicht recht – Malen. Am liebsten so wie Arik Brauer." Sie lacht. Sie kommt mir vor wie eine Fünfjährige, die in der Phantasie mal dies und jenes ausprobiert, fern aller Realität. „Hast du wieder mal daran gedacht, nochmals zur Schule zu gehen, um die Mittlere Reife nachzumachen?" frage ich.

„Ja . . .", sagt sie und zögert – „Ob ich das schaffe? Meine Erfahrung ist halt, daß ich die Schule nicht durchhalte."

„Du bist nicht mehr 15." – Ich hole sie in die Realität. „Du bist 21 und nach meinem Eindruck klug genug, einen Realschulabschluß zu schaffen." Sie lacht und freut sich, aber sie zögert. „Ich weiß nicht, ich werde darüber nachdenken . . ."

„Laß dir Zeit", sage ich. „Vielleicht findest du ja auch bald einen festen Job, der dir zusagt, so daß dieses Wechseln mal aufhört und du nicht ständig von der Hand in den Mund leben mußt." Sie nickt; „Ja, ich geh' auch immer wieder zum Arbeitsamt." Es ist in Ordnung so, ich merke, sie hat keine Entscheidungskraft zu anderen Entschlüssen.

Wie ein Kind bei uns leben

Inzwischen ist es längst Oktober geworden. Das Kochen für Beate und das Miteinander-Essen sind zu einem festen Ritual geworden. Da bietet Beate an, auch etwas für mich zu machen. Die meiste Entlastung hätte ich, wenn sie mir mal für einige Stunden die Kinder abnehmen könnte, damit ich längst fällige Einkäufe in München machen oder an meinen Büchern dranbleiben könnte. Aber genau da zögere ich. Was ist Beate zuzumuten? Sie ist ein Kind unter Kindern – ich merke es, wie sie mit den kleineren Kindern umgeht. Ich lasse mir etwas anderes einfallen: kleinere Besorgungen aus der Stadt, im Garten Holz umschichten und ähnliches.

Zunächst herrschte zwischen ihr und den Kindern Rivalität, wenig Aufeinander-Zugehen. Als Beate das zweite oder dritte Mal zum Essen kam, da sagte der fünfjährige David: „Ach, schon wieder die Beate! Warum kommt die immer zum Essen?"

Dabei sind es die Kinder doch gewohnt, daß ab und zu fremde Leute bei uns essen. Peter bringt öfter Studenten mit, die ein Gemeindepraktikum bei uns machen, oft auch ganz kurzfristig. Darauf hatten die Kinder bisher eher mit Neugier und Spaß reagiert. Aber dieses „Ach, schon wieder die Beate“ ist neu. Ich sage zu David: „Beate kommt, weil sie niemanden hat, der für sie kocht. Da freut sie sich, daß sie bei uns essen kann.“ Das leuchtet ihm voll ein, und ich beschließe, die Kinder stärker einzubeziehen, wenn Beate da ist.
Von da an, so scheint es mir, ist Beate selbstverständlicher in die Familie integriert. Dabei gibt es natürlich – oder erst recht – Rivalitätskämpfe. Aber sie sind offener.
Nach dem Essen, so habe ich es eingeführt, machen die Kinder in ihren Zimmern „Mittagsruhe“, indem sie eine Kindercassette hören und jeder für sich spielt. Beate und ich sind in der Zeit im Wohnzimmer in irgendeine Zeitschrift vertieft und plaudern. Nach einer knappen halben Stunde tappen kleine Kinderfüße wieder die Treppe hinunter, und die beiden Kleinen (oder auch nur einer) springen im Wohnzimmer auf meinen Schoß, wollen ein Bilderbuch vorgelesen haben oder auch einfach nur da sein. Nachdem sie alle beide genug mit mir gekuschelt haben, machen sie sich ans Bauen oder Malen. Beate ist mit einbezogen, aber auch Beobachterin.
Sie schaut zu, wie ich mit den Kindern umgehe, wie ich in ihre Streitigkeiten eingreife, wie ich Grenzen setze. Und manchmal fragt sie: „Warum machst du das so?“
Einmal sagt sie: „Ich glaube, deine Kinder wissen, daß du verstehst, was sie wollen, woran sie Spaß haben.“ Sie sagt es anerkennend, und es tut mir gut. Denn Kinder erziehen ist für mich oft eine einsame Sache, bei der mir Rückmeldungen fehlen. „Ich freue mich, wenn es mir gelingt, mit den Kindern gut umzugehen“, sage ich. „Oft bin ich natürlich ungeduldig und am falschen Platz ärgerlich, und niemand fühlt sich gut. Aber das ist die Realität.“
„Ich finde es toll, daß deine Kinder sich holen, was sie brauchen“, sagt Beate. „Ja, ich glaube, daß sie gut für sich sorgen. Aber ich setze auch Grenzen, wo es meinen Bereich berührt

oder wo sie sich gegenseitig weh tun. Aber mir ist wichtig, daß sie wissen, sie dürfen alle Gefühle haben, auch die wildeste Wut oder Eifersucht aufeinander, oder Angst, Traurigkeit und Freude. Aber ich dulde nicht alles. Z. B. wenn Domi wütend ist auf David und mit einem harten Baustein auf ihn losgeht, dann greife ich ein und sage: ‚Du darfst wütend sein, aber nicht dem David weh tun. Hau lieber auf das Polster da.' Es ist mir wichtig, den Kindern diesen Unterschied zu zeigen." „Ich glaube", sagt Beate, „ich durfte nie wütend sein."

Es ist keine Zeit für intensive Gespräche in unserem Familientrubel, aber es ist Zeit zu leben, miteinander Spaß zu haben, traurig zu sein, sich etwas zu erzählen – ich hab' den Eindruck, das ist in dieser Zeit etwas, was Beate braucht. Ich spreche sie nicht mehr an, wie es ihr mit dem Meister geht. Auch sie erwähnt ihn nicht mehr. Vorrangig sind die kleinen Dinge des Lebens, so scheint es mir. Ich weiß auch, daß sie wieder regelmäßig bei Bertram in einer Therapiegruppe ist. Ab und zu erzählt sie etwas davon. Es tut ihr gut, merke ich. Hier lebt sie einfach, riecht, was es zu essen gibt, erzählt, was sie gerade bewegt, fragt ab und zu nach, wie es mir mit Peter geht: „Wie lange seid ihr verheiratet? – Was, schon so lange? Ich kann es mir gar nicht vorstellen, daß eine Beziehung dann noch spannend ist." Sie fragt wie ein Kind und nimmt teil an unserer Familie wie ein Kind.

Ich glaube, ich habe auch meine Rolle gefunden. Ich will nicht Therapeutin sein, sondern sie akzeptieren, für sie da sein, ihr einen Raum schaffen, wo sie neue Erfahrungen machen kann.

Am liebsten möchte ich klein bleiben

Und irgendwann, Ende Oktober, Anfang November, ruft sie an und weint. „Ich möchte am liebsten klein bleiben, ich möchte nicht ständig aufs Arbeitsamt rennen müssen und mich wieder um eine neue Stelle bemühen. Ich mag einfach nicht. Ich fühl' mich wie vier oder fünf Jahre alt."

„Was mag denn die vier- bis fünfjährige Beate?“ frage ich sie. „Am liebsten möchte ich mich irgendwo hinkuscheln und ein Bilderbuch vorgelesen bekommen.“ Sie schluchzt und lacht dabei.

„Du kannst das haben“, sage ich. „Du kannst dir das nächste Mal, wenn du zum Essen kommst, ein Bilderbuch aussuchen, dich auf meinen Schoß kuscheln, und ich werde es dir vorlesen. Du darfst dann fünf sein. Aber du bist auch einundzwanzig. Es ist o. k., mal vier oder fünf zu sein, aber nicht die ganze Zeit. Verstehst du, was ich meine?“ Sie bejaht. „Dann bis morgen, dann darfst du klein sein und dich aufs Bilderbuch freuen. In der Zwischenzeit sorge gut für dich als die erwachsene Beate.“ Sie lacht. Ich bin beunruhigt, wie klein sie ist, wie stark sie regrediert, und gleichzeitig fasziniert, wie genau sie weiß, was sie braucht.

Dann, am nächsten Tag, nach dem Essen habe ich Zeit für sie. Diesmal sind alle Kinder in ihren Zimmern verschwunden und spielen dort. Beate sucht sich ein Bilderbuch aus, d. h. sie fragt: „Hast du den ‚Frederick‘? Den mag ich so gerne.“ – „Klar“, sage ich und hole den alten und zerlesenen „Frederick“ von Leo Lionni aus dem Regal.

„Darf ich so ganz auf deinen Schoß in deinen Arm kommen?“ fragt sie. „Ja, gern“, sage ich, und sie kuschelt sich in meine Arme, und ich fange an, vorzulesen: „Rund um die Wiese herum, nahe bei Scheuer und Kornspeicher, stand eine alte, alte Steinmauer . . .“ Ich lese die Geschichte von Frederick, der Feldmaus, die nicht nur wie die anderen Mäuse Körner, Weizen und Mais für die kalten Wintermonate sammelt, sondern andere Vorräte anlegt: Warme Sonnenstrahlen, die Farben der bunten Sommerwiese und Wörter zum Erzählen in den langen, dunklen Wintertagen. Beate freut sich wie ein Kind über die Bilder und bewundert die Klugheit von Frederick.

Es liegt noch ein Buch herum von Janosch: Post für den Tiger. David hat es erst kürzlich zum Geburtstag bekommen und liebt es heiß. Ich zeige es ihr und lese auch daraus noch vor, die

Geschichte vom kleinen Tiger und vom kleinen Bären, die zusammen in einem kleinen Haus wohnen, und wie der Tiger sich immer so einsam fühlt ohne den kleinen Bären und so gerne einen Brief hätte und wie der kleine Bär ihm schreibt und sie gemeinsam einen Postverkehr erfinden, so daß keiner mehr einsam ist. Und dann erfinden sie auch noch eine Telefonverbindung, damit sie sich auch direkt hören können, wenn einer einsam ist.
Beate gefällt auch dieses Buch gut. Nur eins stört sie: „Mir gefällt nicht, daß der kleine Tiger nicht zufrieden ist mit dem, was er bekommen hat, nämlich Post. Jetzt will er schon wieder mehr."
„Ich finde, der kleine Tiger sorgt sehr gut für sich", sage ich.
„Ja", sagt Beate, „das stimmt, aber ich meine, er müßte zufrieden sein mit dem, was er hat." – „Kennst du das auch?" frage ich. Sie lacht verlegen. „Ja, ich komme mir oft gierig vor."
„Nimm dir ein Beispiel an dem kleinen Tiger", sage ich. „Er hat gemerkt, das brauche ich. Es ist in Ordnung, das zu wollen, was man braucht. Es ist wichtig, gut für sich zu sorgen!"
„Das tut mir gut, wenn du das so oft zu mir sagst, sorge gut für dich", sagt Beate. Sie bedankt sich für das Bilderbuch und für das Kuscheln und ist wieder erwachsen. Gerade in dem Moment tappen wieder kleine Kinderfüße die Treppe hinunter. Und meine Kleinen sind auch wieder da.

Als großes Kind beim Martinsfest . . .

Beates Wunsch nach dem Bilderbuch und auch die Erfahrung, wie wir es gemeinsam angeschaut haben, regen mich an, sie das nächste Mal zum Martinsfest, zum Laternenfest einzuladen, das hier in Verbindung mit dem Kindergarten wunderschön gefeiert wird. Ich frage, ob sie kommen mag. „O ja", strahlt sie, „ich bringe auch meine Laterne mit."
Martinsfest: Schon tagelang vorher haben sich meine Kinder gefreut. David hat eine schöne neue Laterne im Kindergarten

gebastelt und bringt sie stolz mit nach Hause. Die vom letzten Jahr überläßt er großzügig Dominik. Sogar unser großer Sohn, fast zwölfjährig, wird vom Laternenfieber angesteckt und sucht nach einer alten Laterne.
Eine Freundin mit ihren großen Kindern ist nach alter Tradition aus der Zeit, als ihre Kinder noch klein waren, auch mit dabei. Wir treffen uns zuerst bei uns zu Hause zum Tee. Beate kommt rechtzeitig. Sie strahlt voller Vorfreude und zeigt mir eine wunderschöne Laterne. Sie ist selbst gebastelt: Ein Haus mit vielen, vielen offenen Fenstern und einer offenen Tür!
Und dann ist es soweit. Wir gehen mit den Laternen zur Kirche. Peter hält einen kleinen Gottesdienst für Eltern und Kinder. Wir singen Martinslieder. Die Kinder zappeln vor Aufregung. Als es dunkel geworden ist, werden die Laternen angezündet, und wir machen uns auf den Weg zum nahen Wald, gehen in die hereinbrechende Nacht hinein . . .
Beate ist irgendwo mitten zwischen den Kindern. Manchmal neben mir, manchmal vor mir. Und ihre Laterne leuchtet aus vielen offenen Fenstern . . . Domi, unser Kleinster, kann nicht mehr mithalten mit dem Laternenzug. So kehren wir langsam um zur Wiese hinter dem Gemeindezentrum, wo schon ein großer Holzstoß wartet, um bald als Martinsfeuer zu brennen. Hilfreiche Hände haben schon Glühwein, auch Kinderpunsch und Brezen bereitgestellt für den zurückkehrenden Laternenzug.
Beate und ich haben kaum Zeit und Gelegenheit, miteinander zu reden. Es ist viel zuviel los. Sie ist ein Kind zwischen den anderen. Aber sie wirkt auch erwachsen. Fürsorglich packt sie an, wo nötig, zündet eine Laterne an, die ausgegangen ist, oder holt mir einen Glühwein, weil ich keine Hand mehr frei habe. Kurz nachdem das Feuer anfängt zu lodern, eilt sie zur S-Bahn, weil sie noch eine Verabredung hat.
Ich stehe noch lange beim Feuer, schaue in die Gesichter der Kinder. Vor allem Davids Begeisterung für das Feuer, wie er den Funken nachrennt, begeistert mich! Es war ein schönes, leuchtendes Martinsfest!

... und beim Weihnachtsbasar ...

In der nächsten Zeit bin ich viel unterwegs. Mit Beate bin ich nur telefonisch in Verbindung. Ich lade sie zu unserem Weihnachtsbasar ins Gemeindezentrum ein, der am ersten Adventwochenende stattfindet. Ich weiß, daß ich dabei nicht viel Zeit für sie haben werde, da ich an einem Buchstand verkaufe. Aber ich weiß, wieviel Spaß man haben kann in dem adventlichen Trubel. Sie will mit einer Freundin mal vorbeikommen.

Irgendwann in einer großen Menschentraube, die sich rund um den Buchstand drängt, entdecke ich Beate mit ihrer Freundin. Ich winke ihr kurz zu. Dann ist sie verschwunden zu den Ständen, wo es Spielzeug und Weihnachtsschmuck gibt. Irgendwann später taucht sie wieder auf, einen großen Kuschelbären im Arm – „Schau mal, was ich hier habe!" strahlt sie und zeigt mir das billig erstandene Kuscheltier. Danach schaut sie sich noch ein wenig Bücher an und sitzt im Basarcafé, wo ich mich kurz zu ihr setze. „Schön ist das hier!" sagt sie, und vollgetankt mit dem Duft von Zimt und Nelken, Kerzen und dem Glitzern von Kinderspielzeug und Weihnachtsschmuck geht sie wieder zur S-Bahn.

... und beim Nikolaustag

Wir haben vereinbart, daß Beate einige Tage später auch den Nikolaustag mit uns feiert. Nach alter Tradition geht bei uns ein Nikolaus im Gewand des Bischofs zu den Familien. Diesmal hat sich unser Zivildienstleistender dieser Aufgabe angenommen. Um fünf Uhr wird er an unsere Tür klopfen. Die Nikolaustüten für die Kinder und für Beate stehen schon vor der Tür bereit, damit er sie in seinen großen Sack stecken kann.

Es ist schon später Nachmittag, als Beate anruft. „Ich habe die S-Bahn verpaßt", sagt sie. „Ich komme doch nicht." – „Das geht doch nicht – der Nikolaus kommt doch auch zu dir!" rufe ich erschrocken. „Das habe ich nicht gewußt", sagt Beate. Dar-

aufhin entschließt sie sich, die nächste S-Bahn zu nehmen, und kommt doch noch rechtzeitig zum Tee.
Wir singen und musizieren miteinander. Ich lese Geschichten vom Bischof Nikolaus vor. Wir zünden die Kerzen am Adventskranz an, essen Lebkuchen und plaudern. Wieder ist meine Freundin mit ihren großen Kindern dabei. Peter kommt dazu.
Dann endlich klopft es an der Tür. Die Kinder sind aufgeregt, als sie den Nikolaus sehen. Wir singen ihm ein Lied: „Laßt uns froh und munter sein . . ." Dominik schaut immer wieder voller Andacht mit hochroten Wangen zum Nikolaus hin. Er zeigt als der Jüngste eine Mischung von Furcht und Freude. Aber dieser Nikolaus mit seinem prächtigen Ornat, dem weißen Bart und dem Bischofsstab ist wirklich nicht zum Fürchten, sondern ein „guter Mann", wie es im Lied heißt. Er lacht und spaßt mit den Kindern und freut sich über unser Singen. Und schließlich greift er in den großen Sack und holt für jedes Kind eine Tüte.
Und Beate? Jetzt ist sie wieder wie ein Kind unter Kindern. Neugierig wie die anderen leert sie ihre Tüte aus, freut sich über Nüsse und Zuckerkringel, Mandarinen und Äpfel. Ein schöner bunter Adventskalender ist dabei, eine Arche Noah mit vielen Fenstern zum Öffnen für jeden Tag bis zum Heiligen Abend. Sie schaut sich diesen Kalender genau an, und an ihrer Begeisterung sehe ich, daß ich das Richtige getroffen habe.
Ich merke, daß ich die kirchlichen Feste mit ihrer Überlieferung und ihren Ritualen selbst wieder ganz neu entdecke mit dem Kind in mir und sie von daher mit meinen Kindern gestalte. Beate spielt dabei eine wichtige Rolle, weil sie ja nicht nur Kind ist, sondern auch erwachsen und von daher nach dem Warum und Wieso fragt.
Ich stelle auch fest, wie sie in den nächsten Wochen erwachsener wird. Die Regressionsphase vom Oktober/November ist vorbei. Und das Schönste ist, ihre Probleme mit dem Essen hat sie so gelöst, daß sie gut für sich sorgt. Sie hat zur Zeit keine Freßanfälle mehr. Zwar weiß sie, daß das Essen für sie ein schwacher Punkt bleibt, aber das Zwanghafte ist vorbei. Sie hat gelernt,

für das eigene Kind in sich zu sorgen, sich selbst „in den Arm“ zu nehmen.

Geben und nehmen

Beates Lethargie, sich wieder ernsthaft um eine Arbeitsstelle zu bemühen, hat sich in Energie verwandelt. Sie hat die Erfahrung gemacht, wie es ist, Sozialhilfe zu bekommen, ganz unten auf der sozialen Leiter zu stehen und im Sozialamt unfreundlich angeredet zu werden. Sie mußte als Gegenleistung für die Sozialhilfe täglich einige Stunden in einer städtischen Großwäscherei arbeiten und hat nun beschlossen, daß sie so auf Dauer nicht leben will. Sie will nicht als Baby von Vater Staat versorgt werden, sondern für sich selbst sorgen.
Ich staune, welche Veränderung in diesem Monat Dezember mit ihr vorgegangen ist, oder besser, wie sie selber gewachsen ist. Auch unsere Beziehung verändert sich unmerklich, wird partnerschaftlicher. So fragt sie am Telefon auch, wie es mir geht, was ich so mache. Sie schickt mir nach einem Treffen eine Ansichtskarte aus München, einfach einen Gruß, weil sie gesehen hat, wie müde ich zur Zeit bin und wieviel Arbeit ich im Moment habe.
Mit Peter spreche ich darüber, daß ich Beate gerne zu Weihnachten einladen würde. Nicht aus christlich-sentimentaler Wohlanständigkeit, sondern weil es ein selbstverständlicher Abschluß für eine Zeit der nährenden Beziehung mit ihr ist. Auch Peter sieht es so, und so frage ich Beate wenige Tage vor Weihnachten, wie sie den Heiligen Abend verbringen möchte. „Ich weiß noch nicht – die letzten Jahre war ich immer allein“, sagt sie, „aber es war besser als zu Hause bei Frau R.“ – „Wir laden dich ein, bei uns zu feiern“, sage ich. Beate will es sich überlegen und mich dann anrufen.
Sie sagt zu. Nun muß ich mit den Kindern sprechen. Sie sind daran gewöhnt, daß wir den Heiligen Abend unter uns sind, was wir nach dem Trubel vorweihnachtlicher Tage sehr genießen. Bei unserem fast zwölfjährigen Sohn spüre ich Wider-

stand, der sich erst löst, als ich ihm erzähle, daß Beate Weihnachten in letzter Zeit immer allein gefeiert hat und daß es für sie eine neue Erfahrung wäre, mit uns zusammen zu sein. Ich frage, ob er sich nicht auch auf eine neue Erfahrung einlassen könnte. Ähnlich taste ich auch bei den beiden Kleinen vor. David versteht es sofort: „Sie will sicher unseren Baum auch einmal sehen und wie es bei uns ist . . .“
Zunächst geht am Heiligen Abend alles seinen Lauf: Zusammen mit den Kindern schmücke ich den Baum. Ich genieße das Miteinander, wie wir gemeinsam in der Weihnachtskiste stöbern und voller Entzücken die geliebten Dinge vom letzten Jahr wiederentdecken. Dann ist Zeit für den Familiengottesdienst. In der unüberschaubaren Menge ist irgendwo auch Beate. Die Orgel spielt. Es ist sehr festlich. Peter erzählt die Geschichte von Hanna an der Krippe nach einem Bilderbuch, und die Bilder dazu leuchten für alle sichtbar in wunderschönen Farben. Mein Jüngster rutscht mir vom Schoß, um besser sehen zu können. Mir kommen die Tränen, so berührt mich diesmal die Weihnachtsgeschichte von dem Kind, für das eigentlich kein Raum da war, und von den Menschen, die gerade im Dunkel Gottes Nähe und Licht aufleuchten sahen.
Nach dem Gottesdienst treffen wir mit Beate in der beginnenden Dunkelheit vor der Tür zusammen. Zu Hause machen wir es uns gemütlich bei Tee und Stollen, und dann schicken Peter und ich die Kinder einschließlich Beate in ihre Zimmer. Wir Eltern tragen die Geschenke ins Wohnzimmer. Auch für Beate habe ich einiges hergerichtet. Es sind Kleinigkeiten:
Ein Päckchen Tee, zwei süße kleine Vögel, ein paar warme Strumpfhosen (ich weiß, wie knapp sie in solchen Dingen ist), einen Teller mit süßen Sachen und ein Buch, das ich selber sehr liebe, den „Dibs“ von Virginia Axline, die Erzählung von der wunderbaren Entfaltung eines Kindes während einer Therapie. Ob sie merkt, daß sie selbst auch so ein Kind ist, das dabei ist, sich zu entfalten? Dann zünden wir die Kerzen am Tannenbaum an, das Laternchen über dem Stall mit den selbstgemachten Krippenfiguren leuchtet. Wir läuten das Glöckchen, und dann eilen die Kinder die Treppe hinunter und hinein in das

verheißungsvolle Weihnachtszimmer. Zusammen sitzen wir auf dem Boden, singen ein paar Lieder und schauen den Weihnachtsbaum an. Die sehnsüchtigen Blicke der Kinder auf die mit Decken verhüllten Geschenke werden drängender. Und dann stürzen die beiden Kleinen auf ihre Geschenke. Peter und ich, Matthias und Beate haben unsere Freude beim Zuschauen, wie sie mit Jubel ihre beiden Kaufläden wieder entdecken und dazu mit heftiger Lärmentwicklung zwei wunderschöne Lokomotiven durchs Wohnzimmer sausen lassen.
Einer nach dem anderen packen wir unsere Geschenke aus, und die anderen freuen sich mit. Beate wickelt jedes einzelne winzige Päckchen mit Bedacht aus und freut sich sichtlich. „Oh, die zwei süßen Vögel, gerade gestern habe ich solche gesehen. Wie schön. Danke!"
Und dann kommt die Überraschung für uns. „Ich habe auch etwas für euch", sagt Beate. „Ein Familiengeschenk." Und sie gibt mir ein Päckchen, das ich neugierig öffne. Ein weicher indischer Rucksack ist darin. Ich freue mich sehr und bedanke mich. „Den Rucksack", meint sie, „kann immer der nehmen, der ihn gerade braucht."
Ich empfinde an diesem Abend mehr denn je unsere Familie wie einen Schatz, wo einer für den anderen wichtig ist. Und Beate gehört dazu. Ich freue mich, wie die Kinder sie akzeptieren. Auch unser großer traditionsbewußter Sohn sagt am späten Abend beim Schlafengehen: „Dieses Weihnachten war besonders schön, so schön war bisher keines." Und ich denke ähnlich. Von vorausgegangenen Feiern kenne ich den ganzen Kleinkram von Hetze und Ungeduld und Anschreien der Kinder, weil man selbst k. o. ist. Diesmal war es anders.

Immer mehr bekomme ich das klare Gefühl, und mein Herz wird wieder weich

Einige Tage später bekomme ich einen Brief:
Liebe Hanne, ich habe gerade das Buch von Dibs fertiggelesen. Schade, daß es aus ist. Ich mag den kleinen Dibs gern und hätte

gerne mehr von ihm gelesen. Das ist wirklich ein schönes Buch. Obwohl es psychologisch ist, ist es gar nicht psychologisch. Toll – es ist einfach toll! Ein dickes Danke für dieses tolle Weihnachtsgeschenk! ... Überhaupt passieren mir jetzt viele tolle Sachen, und ich kann es zulassen ... Ich habe viel gelernt und mache vieles anders. So wie der kleine Dibs sich eine glückliche Welt baut mit glücklichen Menschen, so baue ich mir auch eine. Ich entdecke fürsorgliche Seiten an mir und ich mache Schritte für mein Eigen-ständig-Sein, wobei jedes der drei Worte eigens noch mal wichtig ist.
Immer mehr und immer öfter bekomme ich dieses warme, heimelige, kuschelige und zugleich so klare, feste, aktive Gefühl, einfach in mir zu sein. Und von mir geht es dann nach außen. Ich bin froh. Gestern war ich in diesem Film „The day after". Ich weiß nicht, ob Du davon gehört hast. Das ist dieser amerikanische Film über den Atomkrieg in Kansas. Früher hätte ich diesen Film benutzt, um sofort zu resignieren und mich in diesem schlechten Gefühl zu baden. Gestern aber habe ich meine echten Reaktionen zugelassen. Meine Angst und meine Trauer und meine Tränen. Und dann kam der Punkt, wo ich angefangen hätte, mich in diesem Zustand zu halten. Diesmal habe ich mich dazu entschieden, nachdem ich die Gefühle zugelassen und ausgedrückt hatte, mich von ihnen auch wieder zu lösen. Ich habe gesehen, daß mir das sehr gut tut, wenn ich auf diese Art damit umgehe ...
Und liebe Hanne, ich bin ganz froh und dankbar für Deine viele Aufmerksamkeit, Dein Kochen, Deine Bereitschaft, mich zu loben, Dich mit mir zu freuen, mit mir zu reden und mir zuzuhören, mir Rückendeckung zu geben und auch positive Bestätigung. Und für Dein und Euer Teilhabenlassen an Deinem und Eurem Leben und Wohnen. Vom Erwachsenen-Ich aus weiß ich genau, wieviel das wert ist, auch wenn ich es bisher nicht gesagt, sondern einfach nur mit meinem Kind-Ich angenommen habe. Teilen ist etwas ganz Wichtiges, was ich bei Dir und in Peters Weihnachtsbrief und Gottesdienst gelernt habe.
Dieser Rucksack, meine Güte, für meine momentanen Verhältnisse war er viel zu teuer, und ich habe gedacht, sie verstehn es sicher, wenn ich sage, ich habe nichts, weil die Zeit zu kurz zum Basteln

war und ich kein Geld habe. Aber ich habe gemerkt, daß ich geizig bin. Und ich wollte entweder für jeden von Euch etwas basteln oder für alle zusammen was kaufen, wovon jeder etwas hat. Mir Gedanken machen, geben und auch teilen, das wollte ich. Mir hat einer Geld geschenkt, einfach weil er gläubig ist und selber viel bekam. Damit war meine Miete gerettet. Und nun wollte ich nicht einfach so, sondern nach kleinem innerem Kampf teilen. Und deshalb habe ich von dem geschenkten Geld und von meinem eigenen etwas für Euch alle gekauft und nicht einen Gutschein für etwas Gebasteltes geschenkt. Kannst Du's verstehen?
Viel gibt's zu lernen und zu erleben. Und es ist schön, zu teilen und zu leben und zu lieben. Und ich bin glücklich.
Tschüs, eine glückliche Beate, die sich immer mehr mag und damit auch die anderen. Mein Herz wird wieder weich und heil. Toll!

Feste Bräuche muß es geben

Was ist in den letzten Monaten bis Weihnachten geschehen? Beate hat zusammen mit unseren Kindern ein Stück Kindheit wiederholt, so kommt es mir vor. Und mit dem Wiederholen hat sie vieles wieder hervorgeholt. Es wurden ihr schmerzliche Dinge bewußt, die sie schon fast vergessen hatte.
Mir war es in diesen Wochen immer wieder wichtig, ihre Bedürfnisse, klein sein zu wollen, zwar ernst zu nehmen, aber auch zeitlich zu begrenzen, in klare Absprachen zu fassen.
Wenn ich sie zum Essen einlud, sprach ich die erwachsene Beate an, indem ich sie fragte, was ihr *jetzt* schmeckt. Dadurch aber kam sie auch mit ihren frühkindlichen Bedürfnissen und Gefühlen in Kontakt.
Mir fiel in dieser Zeit auf, wieviel Symbolisches im Essen zum Ausdruck kommt. Dazu soll später einiges Grundsätzliche gesagt sein. Mir wurde deutlich, daß die nicht endende Gier der Süchtigen nach Essen im Grunde die Sehnsucht nach Liebe, nach Angenommensein ist. Kein Wunder, daß sie niemals satt werden.

„Feste Bräuche muß es geben", so läßt Saint-Exupéry den Fuchs zum Kleinen Prinzen in der Phase der Annäherung sagen. Kinder brauchen die Vergewisserung, daß gute Erlebnisse wiederkehren, wenn sie dabei sind, eine vertrauensvolle Beziehung zum Leben aufzubauen. So wie die Gewißheit, daß es nach jeder Nacht wieder hell wird und ein neuer Tag anfängt, an dem es Neues zu entdecken gibt und man wieder satt werden darf, so brauchen Kinder auch den Glanz der sich wiederholenden Feste und Rituale im Jahreskreis, die über den Alltag und die Einzelfamilien hinausgehen. Wo diese Feste lebendig gefeiert werden, schaffen sie Verbindung der Menschen untereinander und mit den tieferen Gesetzen des Lebens und geben Antwort auf Sinnfragen. Deshalb war es mir auch wichtig, Beate zu den Festen einzuladen. In dieser Zeit, als unsere Kinder klein waren und Beate als großes Kind mitten unter ihnen, habe ich neu entdeckt, wie unmittelbar unsere Überlieferungen ansprechen können. Das Martinsfest als Fest des Teilens mit seiner Laternensymbolik, der schenkende Nikolaus – allerdings nur, wenn man die Rute zerbrochen hat –, das Weihnachtsfest als Feier der Geburt des göttlichen Kindes, als Licht mitten in Armut und Dunkelheit, und ebenso Karfreitag und Ostern als Begegnung mit Tod und Auferstehung, mit Abschied und Wandlung in ein Neues – sie alle führen hinein in das Geheimnis des Lebens und geben Hoffnung.
Gerade weil diese Feste auch das Kind in uns Erwachsenen ansprechen, haben sie eine berührende, heilende Kraft über das Verstehen hinaus, wenn wir uns dieser Kraft aussetzen.
In den darauffolgenden Monaten wirkt Beate erwachsener. Sie verwendet Energie, um ihren Alltag zu gestalten, sie meldet sich in einer Abendschule an, um die Mittlere Reife nachzuholen. Nach einiger Zeit melden sich aber auch alte Muster wieder zu Wort, alte Glaubenssätze: „Das schaff' ich nicht." Und dazwischen die neue Erfahrung: „Nein, ich bin nicht dumm! Ich werde es schaffen."
Beides wechselt miteinander ab. Es ist so, als ob gerade durch die Wiederholung der Schulzeit auch das kleine Schulmädchen Beate wieder auftaucht mit vielen schmerzlichen Erlebnissen.

Aber eines ist anders: Da ist Hoffnung in all den Rückschlägen, die Hoffnung heißt: „Ich komme wieder auf die Beine. Ich finde den Weg.“
Als ich diese Zeilen schreibe, fällt mir ein, daß Beate mir einmal erzählt hat, welchen Konfirmationsspruch sie sich vor Jahren ausgesucht hatte: „Bittet, so wird euch gegeben, suchet, so werdet ihr finden, klopft an, so wird euch aufgetan.“ Damit scheint sie sich ein Motto für ihr Leben ausgesucht zu haben. Dieses Suchen und Finden ist in ihrem Leben eine wichtige Erfahrung geworden.
Ich habe Beate gebeten, selbst einige Zeilen zu schreiben, wie es ihr ergangen ist, wie es ihr im Moment geht, und was für sie jetzt anders ist. Und so beschreibt Beate selbst den Prozeß ihrer Veränderung.

Als Kind in einer bunten Welt

Damals, auf dem Balkon, als Hannelore mir das Angebot gemacht hat, jede Woche einmal zum Essen zu kommen, da war es für mich wie das Happy-End in einem spannenden Film. Bei den Filmen konnte ich mich sehr oft identifizieren. Nur am Schluß, da war es immer so, daß das Gute – eben das Happy-End – nur für die anderen da war. Ich mußte immer im gleichen miserablen Zustand verharren. Die schöne, glückliche und bunte Welt, wo es einem gut geht und wo auch Liebe unter den Menschen ist, die war immer nur für andere da. Und dann sagte mir Hanne völlig unerwartet und überraschend, daß ich auch an dieser bunten Welt teilnehmen darf. Denn nichts anderes war für mich ihr Angebot.
Mir hat es immer schon gefallen, wieviel Leben und Wohlwollen Peter hat. Ihn kannte ich ja schon, seit ich zwölf war, vom Religions- und Konfirmandenunterricht. Später, als ich das Morgenrothsche Haus und die darin lebende Familie kennenlernte, hatte ich das gleiche Gefühl: So viel schönes, lebhaftes Leben! Ein buntes Haus voller bunter Menschen. Menschen, die ganz lebendig sind. Am Anfang dachte ich, ich muß mich

zwicken, das ist gar nicht wahr, und wenn es wahr ist, währt es bestimmt nicht lange. Vielleicht wird es Hannelore zuviel oder ich mache irgend etwas falsch. Ich hatte insgeheim Angst, daß mir dieser Zugang zur bunten Welt gleich wieder weggenommen würde. Ich dachte auch, daß mit dem Angebot vielleicht bestimmte, unausgesprochene Entwicklungserwartungen verknüpft sind. Also, daß ich mich so oder so entwickeln muß, damit sie das „Unternehmen“ nicht als gescheitert ansieht und es abbricht.

Als ich dann das erste Mal zum Essen da war, war das ein sonniger Tag. Ich hatte mir Kaiserschmarren gewünscht. Hannelore, wohl wissend, daß ich auf Vollwerternährung Wert lege, hatte ihn aus frisch gemahlenem Weizenmehl gemacht. Die Kinder waren irgendwo außer Haus. Ich wurde empfangen von einer strahlenden, frischen Hannelore, keiner abgekämpften, überlasteten Hausfrau, die da in der Tür stand. Ich war gespannt und etwas unsicher. Wir saßen auf der Terrasse und redeten ein bißchen. Das heißt, ich habe hauptsächlich von den vergangenen Tagen erzählt. Dann, beim Kochen, haben wir in der Küche weitergeredet.

Der Kaiserschmarren aus Vollwertmehl schmeckte anders als erwartet. Manche Gerichte aus normalem Weißmehl mögen zwar weniger gesund sein, geben aber ein wohliges Gefühl. So war ich insgeheim ein bißchen enttäuscht, daß es nicht der erwartete Kindheitsgeschmack war, obwohl es nicht schlecht schmeckte. Die volle Entschädigung brachte dann das Kompott. Ich bin ein Obst- und Gemüsefan. Insgesamt hat es so gut geschmeckt, daß ich gerne bis zum Platzen gegessen hätte. Jetzt, im nachhinein, kann ich sagen, daß ich generell weniger esse, auch langsamer und genußvoller, wenn ich nicht allein beim Essen bin, und wenn ich nicht unter emotionaler Spannung stehe.

So ging es mir dann auch mit der ganzen Familie so. In dem Moment, wo ich unter Druck oder Spannung war, aß ich auch bei Tisch unter vielen Leuten etwas zuviel; aber nicht so gigantisch zuviel wie vorher. Nur dieser Drang, mich vollzufressen, war noch da. Manchmal verging er in dem Nachmittagsgespräch, aber ein paarmal habe ich dann auch zu Hause später noch gefressen. Das war immer dann so, wenn ich etwas nicht sagen wollte, wenn ich an ein Thema nicht ran wollte, wenn ich mir keine Lösung wußte oder wenn ich vor der Lösung zurückschreckte, weil sie bedeutet hätte, auf ein vertrautes und sicheres, wenn auch beschissenes Spiel zu verzichten; oder auch, wenn es bedeutet hätte, daß ich als erwachsene Beate die Verantwortung für mich und mein Wohlergehen selber in die Hand nehmen sollte.

Insgesamt kam an Hannelores Tisch viel Alltag mit herein. Es wurde über Schule und Arbeit, Kindergarten und sonstige Neuigkeiten gesprochen. Es war auch immer einiges los am Tisch mit den zwei kleineren Kindern. Das war keine heile und naive Welt, es war eine sehr lebendige. Ich selbst war beim Essen wie ein Kind, habe es genossen, so richtig zu mampfen! Manchmal hätte ich gerne noch mehr als „Kind“ am Tischgeschehen teilgenommen, habe mich aber kontrolliert, weil ich zum Teil Angst vor Rausschmiß oder vor der Eifersucht von David und Domi hatte.

Ich spüre meinen Körper wieder

Insgesamt geht es mir jetzt mit dem Essen viel besser, wenn auch noch nicht ideal. Ich bin in der Zwischenzeit um einiges dünner geworden und fühle mich wohler. Ich bin dünner geworden, obwohl ich keine Diät gemacht habe. Ich möchte auch noch mehr abnehmen, aber im Moment stagniert mein Gewicht. Es ist aber auch so in Ordnung, denn die Tendenz geht immer nach unten und nicht mehr nach oben. Manchmal ist es vorgekommen, daß ich wieder gefressen habe, so z. B. als ich in einer emotional stark belasteten Situation im Krankenhaus war, wo ich mich ausgeliefert und hilflos fühlte. Sobald ich das hinter mir hatte, habe ich wieder normal gegessen.

Ich kaufe mir selber ein, und zwar das, was mir schmeckt. Ich weiß, ich darf es mir gut gehen lassen und gut für mich sorgen. Manchmal, wenn ich spüre, da kommt ein neues Thema, das ich

noch bearbeiten sollte, und ich bin noch nicht bereit dazu, dann spüre ich wieder den Drang zum Fressen. Aber ich kann damit umgehen. Wenn ich an das herangehe, geht es mir wieder gut und ich esse normal. Ich achte jetzt auf meine Körpersignale. Ich spüre wieder Hunger und Sattsein.
Die Sache mit dem Bikini möchte ich erzählen, weil sie zeigt, was in mir vorging. Mit 13 hatte ich angefangen, mich dick zu fühlen und hatte auch tatsächlich zugenommen, sogar einige Jahre nur Röcke getragen, weil ich der Meinung war und es zu Hause von meinem Bruder auch zu hören bekam, daß ich zu fett sei. Aus genau den gleichen Gründen war ich mit 15 zum letzten Mal baden. Ich schämte mich einfach so und dachte immer, jeder würde nur auf mich schauen und die schrecklichsten Worte würden wieder auf mich hereinprasseln. So kam es, daß ich auch im letzten, extrem heißen Sommer nicht baden war. Dieses Jahr wollte ich aber nicht mehr darauf verzichten. Ich war ja auch tatsächlich wieder dünner und hatte eine bessere Beziehung zu meinem Körper und zu mir.
Da ich weder Badeanzug noch Bikini besaß, mußte ich mir wohl einen kaufen. Ich überlegte hin und her: Ich will ja einen, ich will so gern. Gleichzeitig war da aber noch die Angst, daß diese Worte wiederkommen: „Fette Sau“ und dergleichen. Ich holte mir Rückenstärkung, rief auch noch bei Hannelore an, erzählte ihr alles und fand volle Unterstützung. Sie gab mir gleich noch Tips für Muster und Schnitt des Badeanzugs.
So bestärkt zog ich los, fest entschlossen, so lange zu suchen, bis ich einen Badeanzug finden würde, der mir in Form, Farbe, Muster und Preis gefallen würde. Die Verkäuferinnen sagten natürlich meistens, daß ich eine gute Figur machen würde, selbst wenn ich ganz unpassende Anzüge anhatte. Ich ließ mich nicht bequatschen und ging am ersten Tag nach Ladenschluß ohne Badeanzug wieder heim. Ich hatte noch nicht gefunden, was ich wollte, aber es gab ja noch viele andere Geschäfte, wo ich noch nicht geschaut hatte. Am nächsten Tag zog ich wieder los. Nach einer Weile fing ich an, nur so zum Spaß, Bikinis zu probieren. Und siehe da, Bikinis standen mir besser als Badeanzüge! Also begab ich mich auf Bikinisuche. Ich fand einen La-

den, der ganz schöne Kombiteile aus Baumwolle hatte. Das war es, was ich wollte. Alles stimmte! Triumphierend zog ich nach Hause, schnappte mein Badezeug, erreichte am späten Nachmittag beim letzten Sonnenschein den Isarstrand und fühlte mich wie eine Königin. Es tat nichts zur Sache, daß ich mich in 10 bis 15 Metern Abstand zum Nächsten hingelegt hatte und auch bis zum Wiederanziehen erst mal nicht mehr aufstand. Nach sieben Jahren zum ersten Mal wieder Sonne auf dem nackten Bauch! Da lag ich und träumte und triumphierte und freute mich meines Sieges. Ich war zum Platzen voll mit Glücklichsein. Und ich war stolz auf mich, daß ich tatsächlich so lange gesucht hatte, bis ich gefunden hatte, was *ich* wollte!

Aussöhnung mit den Eltern

Ich habe mich in der letzten Zeit mit meinen Eltern versöhnt. Ich habe über meine Mutter nachgedacht, als einige Therapiearbeiten hinter mir lagen. Ich dachte an sie als eine 27jährige Frau, die schon drei kleine Kinder hat, die eine Ehe führt, in der es kriselt, die ständig Raum- und Geldprobleme am Hals hat, selber viel Hunger im Herzen hat und unzufrieden ist. Ich habe das Leben dieser Frau betrachtet, konnte mich das erste Mal in sie hineinversetzen und sie nicht nur als meine Mutter sehen, deren viertes Kind ich war. Ich bin ja mittlerweile selbst bald 23 und habe Erfahrung mit Kindern als Babysitterin. Ich weiß, wie schwer das manchmal mit Kindern ist, wieviel Nerven man braucht, und wieviel Unterstützung vom Vater notwendig ist. Mit dem Wissen und meiner Unabhängigkeit, die ich heute habe, kann ich meine Mutter gut verstehen. Als ich all das so durchgedacht hatte, wurde ich traurig und habe einige Minuten sehr geweint. Ich habe gespürt, daß es jetzt Zeit ist, von meinen Vorwürfen und dem Haß loszulassen, und daß es an der Zeit ist, zu verzeihen. Das habe ich dann erst mal für mich alleine gemacht. Erst einige Wochen später, als meine Mutter zur Kur war, habe ich ihr geschrieben, daß ich sie heute besser verstehen kann. Ich habe ihr geschrieben, daß ich nicht mehr unterschwellig das Bedürfnis habe, ihr eins auszuwischen. Ich habe ihr gesagt, daß ich auch nicht mehr „Frau R." zu ihr sagen möchte, wie ich sie bisher angeredet hatte, sondern daß ich sie nun beim Vornamen nennen möchte.

Und das ist ein Stück aus meinem Brief:

Hallo, Frau R.!

Als Schülerin schreibe ich natürlich auf Schulpapier. Außerdem sitze ich hier an der Isar. Es ist tolles Wetter. Möwengeschrei, goldgelbe Blätter. Viele Leute, Hunde, Pärchen. Ich habe beschlossen, mir die Zeit zu nehmen, Dir einen Brief zu schreiben.

. . . Weißt Du, ich finde, es ist an der Zeit, daß ich Dich anders nenne. Also nicht mehr Frau R. Was denkst Du dazu? Mama oder Mutti möchte ich aber auch nicht sagen. Mir wäre Dein Vorname am liebsten. Außerdem finde ich Deinen Vornamen schön, kenne keine zweite, die so heißt. Also, was denkst Du dazu? Weißt Du, in den sieben Jahren habe ich viel erlebt und bin auch reifer geworden, z. B. sorge ich ja regelmäßig seit einem Jahr als Babysitterin für Anna, jetzt drei Jahre alt, und nun auch noch für Luise, die jetzt fünf Wochen alt ist. Ich weiß wohl, was es bedeutet, Kinder zu haben. Es ist nicht nur schön. Es geht oft enorm an die Nerven. So kann ich jetzt verstehen, warum Du manchmal ganz anders reagiert hast, als ich es mir gewünscht habe. Dir hat ja selber so viel gefehlt. Nur wenn ich selber satt bin, kann ich geben. Wenn ich selber sehr hungrig bin, dann ist es schwer zu geben . . .

Ich will nur sagen, daß ich nicht mehr böse auf Dich bin, sondern Dich eher verstehen kann, daß ich deshalb auch nicht mehr das Bedürfnis habe, Dich unterschwellig zu kicken. Und ich muß sagen, ich fühle mich ganz wohl mit meinem neuen Stand.

In der Zwischenzeit ist jetzt hier an der Isar viel passiert: Ein sehr alter, lieber Mann hat mir eine Schafgarben-Blüte geschenkt. Ein Ausländer lief mit einem dressierten Vogel herum, und die Möwen haben den Vogel aufgescheucht. Jetzt rennt der Mann ganz aufgeregt hin und her und piept und pfeift, damit er seinen Vogel wiederkriegt. So weit, so gut.

Viel Schönes und Wohltuendes in der Kur wünsch' ich Dir!

Beate.

Mit meinem Vater ist es anders. Auch ihn verstehe ich heute besser. Anders als mit meiner Mutter kann ich mit ihm über die vergangenen Dinge reden. Er ist bereit dazu. Wir freuen uns beide, daß nach so vielen Jahren der Schmerzen und Frustrationen er wieder eine Tochter und ich wieder einen Vater habe. Einmal hat er in einem Gespräch von damals erzählt, wie er oft um fünf Uhr morgens aus dem Haus gegangen ist und abends erst um acht oder noch später heimkommen konnte. Er hat erzählt, wie sehr er damit beschäftigt war, Geld für uns alle ranzuschaffen, wie nötig er dann als Schreiner nach dem täglichen Maschinenlärm Ruhe brauchte; wie sehr es an seinen Nerven zerrte, wenn dann am Wochenende zu Hause die Kinder auch noch schrien. Gleichzeitig kam seine Traurigkeit darüber durch, daß er eigentlich gerne mit seinen Kindern gespielt hätte, viel lieber als gearbeitet. Er hätte wohl viel mehr teilgenommen an unserer bzw. meiner Entwicklung. Auch auf ihn bin ich nicht mehr böse. Ich sehe den verletzlichen kleinen Jungen hinter seiner harten Fassade. Genauso wie ich hinter dem freundlichen Lächeln meiner Mutter das traurige kleine Mädchen sehe.
Eine ganze Weile hatte ich sehr stark den Wunsch und die Sehnsucht, mit meinen Eltern ein inniges und nahes Verhältnis zu entwickeln. Was ich jedoch gemerkt habe, ist, daß ich mich zwar verändert habe, sie aber in vielen Punkten immer noch die gleichen Schutzhaltungen einnehmen. Als mir das klar wurde, habe ich aufgehört, davon zu träumen, daß wir eines Tages vielleicht doch noch die idyllische Harmonie miteinander erleben werden. Heute ist es so, daß ich froh bin um die Distanz, die ich zu diesen beiden Menschen in ihrer jeweiligen Eigenart habe. Ich bin nun selber eine junge Frau und will als solche behandelt werden.
Den besten Kontakt zu meinen Eltern habe ich, wenn sie selber ihr freies Kind zeigen. Dann bin ich meinerseits auch offen, ihnen mein freies Kind zu zeigen. Ich war einmal mit meinem Vater und seiner jetzigen Frau beim Italiener zum Eisessen. Wir haben uns ein richtiges Wettessen geliefert. Wir waren so fasziniert vom Aussehen und vom Geschmack – wir hätten den ganzen Laden leeressen können. Das hat mir viel Spaß gemacht.

Mit meinem Vater verbindet mich auch, daß wir beide gerne in der Natur radeln.

Ich habe wieder Zukunft

Zwei Punkte sind wichtig. Zum einen: Ich habe die Entscheidung getroffen, erwachsen zu werden, was für mich beinhaltet, von alten, kindlichen Verhaltensmustern loszulassen, Verantwortung für mich zu übernehmen und Aktivitäten zu entwikkeln. Ich plane, denke nach und bin bereit, Probleme anzupakken und sie auch tatsächlich zu lösen. Ich habe erlebt, daß ich alle Ich-Zustände zur Verfügung habe und daß ich mich auf mich verlassen kann, wenn's hart auf hart kommt.

Das zweite ist, daß ich selber entdeckt habe, daß ich es als erwachsene Beate in erster Linie nicht mehr mit den realen Eltern zu tun habe, sondern mit den Eltern in meinem Kopf, und daß ich mit denen wirklich so umgehen kann, wie es gut ist für mich.

Mit dem Entschluß, erwachsen zu werden und Lösungen für Probleme zu finden, kam viel alter Mist hoch. Ursprünglich war mein Antrieb, als ich damals zu Peter kam, daß ich einfach nicht mehr leiden wollte. Ich wollte raus aus dem Elend, ohne jedoch gleichzeitig erwachsen werden zu müssen.

Jetzt kommt also der Mist hoch. Zum Beispiel wenn ich in der Schule bin. Oder wenn ich Kontakte mit neuen Leuten schließe – immer kommen reichlich negative Botschaften hoch, Muster von früher, die mich jetzt hindern. Ich schaue dann immer, was ich an der Sache Positives entdecken kann, zum Beispiel daß ein lange weggestecktes Gefühl hochkommt. Es ist dann, als ob Gift aus meinem Körper gespült würde.

Nun soll aber niemand denken, daß ich super zurechtkomme. Oft kommen irgendwelche destruktiven Botschaften in meinen Kopf, ohne daß ich es bewußt merke. Ich fange dann wieder an, mich unter Druck zu setzen. Das Spiel beginnt von vorn. Aber, wenn es mir auffällt, sage ich: Halt, stop, was ist los? Was ist genau los unter dem depressiven Gefühlsbrei? Was habe ich gedacht? Was ist passiert? Ich brauche dabei nicht mehr so weit zu kramen, bis ich Antworten finde. Ich habe keine Angst mehr, wenn blockierte Gefühle heftig an die Oberfläche dringen. Ich weiß, ich sterbe nicht dran. Und ich bin nachher wieder einen Klotz am Bein los.

Insgesamt fühle ich mich wieder lebendig und wachsend. Ich entwickle mich wieder – ein tolles Gefühl! Ich habe festgestellt, wie wichtig es ist, für mich selber gut zu sorgen. Wie ich dadurch, daß ich mich selber annehme und liebhabe, unabhängiger von außen werde, daß ich freier mit anderen Menschen umgehen kann. Mein Handeln liegt mehr im Hier und Jetzt begründet, und es spielt nicht immer ein ganzer Rattenschwanz an Erwartungen, Gefühlen und Problemen mit.

Ich habe auch gemerkt, daß ich ruhig meiner Wahrnehmung trauen darf, und daß es gut ist, auf die vielen nonverbalen Signale zu achten.

Mein größtes Interesse gilt nach wie vor den Geheimnissen des Lebens. Ich suche Antworten auf religiöse Fragen. Ich finde auch viele. Gleichzeitig bin ich aber auch vorsichtiger geworden. Ich traue auch hier meiner Wahrnehmung mehr als bisher. Hannelore hat mir da einen sehr guten Satz gesagt, der vieles bei mir zusammenfaßt und den ich mir gemerkt habe: Ich habe mich dazu entschieden, wieder Zukunft zu haben.

Ganz im Gegenteil zu früher, wo für mich klar war, daß ich mich früher oder später umbringen würde.

Ich weiß noch nicht genau, was ich z. B. beruflich machen werden. Aber ich bin mir sicher, daß ich meinen Weg finden werde.

Noch nicht am Ziel

Ein Jahr ist seit Beates Bericht vergangen. Sie wirkt selbständig in dieser Zeit, klar und hoffnungsvoll. Sie steht auf eigenen Beinen. Sie strahlt Kraft und Entschiedenheit aus.

Sie arbeitet für eine Zukunft, indem sie nun seit eineinhalb Jahren die Abendschule mit dem Ziel der Mittleren Reife besucht. Das war ihre Idee gewesen und trotz großer Schwierigkeiten in

Mathematik hatte sie den Übertritt in die 10. Klasse geschafft. Um sich den Lebensunterhalt zu verdienen, arbeitet sie zwei-, dreimal die Woche in einem großen Lager. Was sie beruflich machen wollte, war ihr allerdings noch unklar.
Sie hatte sich verliebt und war einige Wochen lang sehr glücklich. Sie hatte es wieder zugelassen, daß ein Mensch ihr Herz berührte, nicht nur ihren Körper, mit dem Risiko, daß es ihr nachher auch wehtat, als es klar war, daß keine dauerhafte Beziehung entstehen würde.
Ich habe sie in dieser Zeit unterstützt und beraten. Vor allem, wenn es um ihre Alltagsgestaltung und Schulschwierigkeiten ging. Ich habe gerne ihre neugierige, kindliche Seite unterstützt, den Spaß am Entdecken und am Ausknobeln. Auch das kleine, ärgerliche Kind in ihr konnte ich gut verstehen, das oft keine Lust hatte, sich hinzusetzen, um nach der Arbeit noch für die Schule zu lernen.
Es zeigte sich in dieser Zeit sehr deutlich, daß Beate noch nicht „erwachsen“ war. Sie war auch innerlich ein Stück weit noch ein Schulmädchen, nicht nur äußerlich, indem sie ja tatsächlich einen Schulabschluß anstrebte. Im Wiederholen der Schulzeit tauchten alte Verhaltensmuster, Gefühle und Lernschwierigkeiten von früher wieder auf. Damals hatte sie den Schulabschluß nicht geschafft. Wie würde es ihr in der Wiederholung ergehen?
Ich unterstützte ihren neuen Weg durch eine mütterliche Beziehung. Was nun anstand, war die Aufgabe, daß Beate sich von mir würde lösen müssen, ähnlich wie eine Tochter sich von ihrer Mutter zu lösen hat. Wie würde sie damit umgehen?
Rückfälle kündigten sich an, langsam und schleichend. Eines traf sie besonders hart: Sie hatte ihren Vater, zu dem sie ein einigermaßen freundschaftliches, lockeres Verhältnis aufgebaut hatte, um monatliche finanzielle Unterstützung gebeten. Sie wollte sich nun kurz vor der Mittleren Reife stärker aufs Lernen konzentrieren können und weniger Geld verdienen müssen. Sie bekam von ihm eine abschlägige Antwort, obwohl er ihr eine kleine Geldsumme zugesagt hatte, falls sie die Mittlere Reife schaffen sollte. Nun hatte Beate ihrem Vater gesagt, daß sie das

Geld *jetzt* brauche, nicht später. Er war aber zu keiner finanziellen Unterstützung bereit. Seine Antwort war: „Leben ist Kampf. Sieh zu, daß du Sieger bleibst!“ Das traf sie härter, als sie zunächst selbst wahrnahm. „Ich betrachte mich von nun an als Waise. Ich habe keinen Vater mehr“, schrieb sie mir. „Gott soll mein Vater sein . . .“
Dennoch kam Beate finanziell zurecht. Sie nahm einen Untermieter mit klaren Absprachen in ihre Wohnung auf. Sie bekam Wohngeldnachzahlungen. Das schlimmste finanzielle Loch war gestopft, Miete und Essen gesichert.
Sie hatte Freunde, und eine neue Beziehung zu einem jungen Mann bahnte sich an. Da rief sie mich an:

Dir geht’s wohl zu gut!

„Ich weiß nicht, was mit mir los ist! Eigentlich müßte es mir doch gut gehen: Ich bekomme Komplimente, auch von wildfremden Menschen. Ich bin schlank. Ich verstehe sogar Mathe. Und trotzdem könnte ich heulen!
Neulich hat ein Bekannter zu mir gesagt: Du hältst es wohl nicht aus, eine glückliche und problemlose Frau zu sein. Er hat recht.“ Sie weint am Telefon. „Ich habe das Gefühl, ich löse mich in Luft auf. Und das Schlimmste: Ich fange wieder an zu fressen.“
Sie erinnert sich an eine Szene, als sie als kleines Mädchen am Boden spielte, laut und vergnügt. Und die Mutter kam dazu und sagte: „Dir geht’s wohl zu gut?“ Zu gut darf es Beate anscheinend bis heute nicht gehen. Das hat sie sich fürs Leben gemerkt.
In der Woche darauf fangen immer stärkere Lernblockaden an. Sie schildert, daß sie in der Schule sitzt, und ihr Gehirn ist wie ausgeblendet. Die Stimmungen schwanken enorm. Sie ruft häufig an, und ich schlage ihr vor, wieder regelmäßig einmal die Woche zu mir zu kommen, damit ich besser als am Telefon auf sie eingehen kann.

Ich nehme ihre Gespaltenheit wahr, die sie so beschreibt: „Ich möchte den guten Weg gehen, die Schule schaffen und es mir gut gehen lassen. Aber die lassen mich nicht." *Die,* das sind die Stimmen in ihrem Kopf, die ihr sagen: Es ist eine Unverschämtheit, ohne Probleme zu leben. Es darf nicht sein, daß es dir gut geht, ohne daß du dafür zahlen mußt. Und Beate zieht die Schlußfolgerung: Ich darf nicht normal sein.

Der Zwiespalt als Hölle im Kopf

Diesen Zwiespalt zwischen alten und neuen Mustern erlebt Beate so quälend real, daß sie plötzlich wieder fast am Leben verzweifelt. Sie weiß nicht mehr: *„Will ich lieber tot sein, oder will ich lieber eine Lösung suchen? Will ich mich umbringen? Das würde bedeuten, daß ich mich auch um viel Schönes brächte, aber meine Ruhe hätte. Eigentlich will ich leben. Aber es erscheint mir so bedrohlich. Und ich glaube nicht an meine Fähigkeiten ... Dieser Terror in meinem Hirn bricht immer dann los, wenn ich sehe, daß ich anders leben könnte. Ich bin verzweifelt und fresse und verweigere mich, weil ich glaube, keinen anderen Ausweg zu haben. Damit geht es aber erst recht hinein in das Leid, die Not, den Mangel. Es ist die Hölle im Kopf!"*
Im gleichen Brief zitiert Beate auch eine Tagebucheintragung:
„Fressen ist der Versuch, zu entkommen
der Hölle in meinem Kopf.
Wenn du nicht brav bist, holt dich der Teufel.
Tod – Leid – Elend. Es wird nicht aufhören, nicht bevor ich tot bin oder eine andere Lösung gefunden habe ..."
Und dann auch noch dieses Erlebnis:
„Ich bin gestern dazugekommen, wie die Polizei gerade einen Selbstmörder aus der Isar holte. Vermutlich war er schon tot. Er hat jedenfalls nicht auf Wiederbelebungsversuche reagiert. Ich bin einige Minuten dabeigestanden. Mir wurde kotzübel, und ich habe gezittert. Ich bin gegangen, obwohl das Schauspiel noch nicht vorbei war.

Als ich den Selbstmörder sah, wollte ich nicht tot sein. Die Hölle in meinem Kopf soll endlich aufhören!
Mein erklärtes Ziel ist, daß ich ein schönes und lebenswertes Leben haben kann, ohne Schuldgefühle lebe, und ohne dafür bezahlen zu müssen. Daß ich gesund und normal bin. Daß ich etwas leiste, mich aber dann nicht gleich übernehmen muß. Daß ich gut zu mir sein darf und mich liebhaben darf. Daß ich weder mich noch andere umbringen muß. Daß es mir nicht schlechtgehen muß, nur weil es anderen schlechtgeht. Daß ich wütend sein darf und traurig; und nicht mehr depressiv sein und mich mit Selbstmordphantasien quälen muß; daß ich ein Recht habe, als patente Beate zu leben und das nicht verstecken muß; daß ich meine Wut und meine Trauer rauslassen darf, ohne verrückt zu werden; daß ich einen klaren, wachen Kopf haben werde und mich nicht für dumm verkaufen lasse. Ich muß nicht erst leiden, wenn es mir gut gehen soll.“

Wenn du nicht brav bist . . .

Vieles von dem, was in den fast täglichen Telefongesprächen hochkommt, gehört in eine Therapie, und ich kläre das mit Beate. Sie will die schon länger beendete Therapiearbeit mit Bertram wieder aufnehmen. Aber was kann *ich* in dieser Zeit für sie tun?
Mir fällt auf, daß sie lebendige Szenen ihrer Kindheit schildern kann, als sie näher von den „Bestien in ihrem Kopf“ erzählt. Aber wo bleiben die Gefühle dazu? Beates Wut, der Schmerz, die Angst? Ich lasse sie phantasieren, was wäre, wenn sie etwas von ihren Gefühlen zeigen würde, deren Namen sie noch nicht einmal kennt. Und ihre Phantasie ist, daß dann etwas Schreckliches, Unvorstellbares geschehen würde.
„Das denken kleine Kinder“, sage ich, „denen nicht erlaubt ist, ihre Gefühle zu zeigen, wenn sie z. B. wütend auf ihre Eltern sind. Sie können die Folgerung ziehen, daß etwas Schreckliches geschehen wird, wenn sie so fühlen.“ Beate nickt: „Das hat

meine Mutter auch immer gesagt: ‚Wenn du nicht brav bist, dann holt dich der Teufel.‘“

Es kommt heraus, daß Beate auch *jetzt* noch Angst hat, daß etwas Schlimmes geschehen wird, allein schon, wenn z. B. Ärger und Wut über ihre Mutter hochkommen: „Das hätte doch Auswirkungen auf sie. Meiner Mutter könnte doch etwas zustoßen. Es geht ihr im Moment sowieso schon gesundheitlich so schlecht . . .“

Beate ist verfangen im magischen Denken der drei-, vierjährigen Kinder. In dieser Altersstufe glauben Kinder, die Kraft ihrer Phantasie und ihrer Gefühle könne etwas bewirken, z. B. anderen schaden, wenn sie ihnen etwas Böses wünschen.

Eltern unterstützen das magische System des Kindes, wenn sie aggressive Gefühlsäußerungen, die ihnen nicht recht sind, verbieten. Das geschieht oftmals mit der Bemerkung: „Du bringst mich noch ins Grab!“ Damit teilen sie dem Kind mit: Du bist schuld, wenn es mir schlecht geht, wenn ich sterbe, weil du nicht ‚brav‘ bist, d. h. fühlst und tust, was Mutter will.

Mit dieser Vorstellung blockiert sich Beate. Was ich tun kann, ist mit ihr zusammen dieses magische Denken zu entkräften. Also klären, daß es in Ordnung ist, auch aggressive Gefühle zu haben, und daß niemand tot umfällt, auch nicht ihre Mutter, nur weil Beate wütend ist oder zornig. Die *kleine* Beate hat dies so gedeutet, daß es um Tod oder Leben gehe, wenn sie es Mutter nicht recht machte; sie dachte, daß sie dann geschlagen würde oder Mutter etwas zustoßen würde.

Als wir uns diese Zusammenhänge anschauen, ist es ein befreiendes, noch ungläubiges Verstehen bei Beate. Und dann argumentiert sie – für mich überraschend – mit der Bibel: steht da nicht auch, daß man dem anderen nichts Böses wünschen soll, sondern Frieden?

Ich sage ihr, daß man schon oft die Bibel dazu benutzt hat, kleine Kinder in Schach zu halten. Aber niemals geht es in der Bibel darum, Gefühle zu verbieten.

Auch Jesus war oft wütend. Darauf gibt es biblische Hinweise. Der sanfte Jesus der Heiligenbilder ist nicht die kraftvolle Gestalt des Neuen Testamentes.

Beate verabschiedet sich. Ich merke, sie muß diese für sie neuen Gedanken erst verdauen.
In den nächsten Tagen erzählt sie von den kleinen Schritten, mit denen sie mit ihrem Ärger und ihrer Wut in Kontakt kommt. Sie schildert Situationen, in denen sie davon nicht nur etwas spürt, sondern auch äußert. Ich gebe ihr Anerkennung dafür.
Sehr wichtig ist mir dabei, ihr zu sagen, daß es wenig sinnvoll ist, den Eltern *jetzt* Vorhaltungen über vergangene Zeiten zu machen. Es geht ja darum, sich mit den *verinnerlichten* Eltern auseinanderzusetzen, also die unerledigten Gefühle, die alten Situationen aufzuarbeiten. Und dafür ist der Schutzraum der Therapie gut. Beate hat auch schon den ersten Termin bei Bertram.
Und nun bin ich gespannt, wann sie wohl auf mich ärgerlich sein wird.

Verlassen und ungeliebt?

Beate ruft gegen Abend völlig aufgelöst an. Sie weint und weint und bekommt kaum Luft. Ich atme mit ihr geräuschvoll durchs Telefon ein und aus, damit sie wieder einen Rhythmus in ihren Atem bekommt und mir sagen kann, was geschehen ist.
Sie steht in einer Telefonzelle und ist aus der Schule weggelaufen, weil sie dort nur sitzt und heulen muß. Ihr neuer Freund hat mit ihr Schluß gemacht mit der Begründung, daß er so viele Probleme mit sich selbst habe, daß er im Moment keine neue Beziehung verkraften könne.
Es ist so, als ob Beate in ein tiefes Loch gestürzt wäre. Alles, was sich schon Wochen vorher angestaut hatte, scheint sich zu verdichten in ihrem Gefühl, verlassen und ungeliebt zu sein. Es ist so, als spulten sich in ihrem Kopf die alten Kassetten, die alten Glaubenssätze ab: „So ist das Leben, und da ist anscheinend nichts zu ändern.“ An diesem Abend scheint sie zwischen zwei Möglichkeiten zu schwanken: „Entweder ich werde verrückt – dann bin ich wenigstens in der Klinik und anerkannt krank. Oder ich wollte, ich wäre tot.“

„Wieviel Macht über dein Leben gibst du diesem jungen Mann, den du erst ein paar Wochen kennst und der sich jetzt durch ein Telefonat von dir verabschiedet?" sage ich ihr. Ich habe den Eindruck, daß dadurch wieder etwas Energie und auch Ärger in ihren Körper kommt. Ich bespreche mit ihr die nächsten Schritte und vereinbare, daß sie am Abend noch einmal anruft und mir sagt, wie es ihr geht.
Der nächste Tag ist ein Feiertag. Beate sollte in diesem Zustand nicht allein sein. Ich möchte mit meinen Kindern ins Kino gehen. Ob Beate auch den Film „Ronja" von Astrid Lindgren sehen mag? Sie mag, obwohl sie ihn schon kennt. Er hat ihr so gut gefallen, daß sie ihn gerne nochmals sehen möchte. Wir verabreden uns für den nächsten Tag. Ich habe ein gutes Gefühl dabei.
„Ronja" war großartig. Selten habe ich ein Kinderbuch so gut verfilmt gesehen. Welch starke und gute Botschaften geben diese Eltern ihrem Kind mit! Und was macht dieses Mädchen daraus! Wie ist Ronja wiederum dem Vater ein Spiegel für sein Verhalten! Es ist ein warmer, starker und guter Film voller Gefühle! Ja, so ausgerüstet können Kinder das Leben entdecken, die Gefahren im Wald überleben und vor Freude schreien, wie Ronja es tut. Beate sitzt da und weint. Es ist ein gutes Weinen – ist mein Eindruck –, ein befreiendes.
Nach dem Film habe ich kaum Zeit, mit Beate zu reden. Meine Kinder nehmen mich in Anspruch. Wir verabschieden uns warm und herzlich und bleiben in telefonischem Kontakt. Außerdem hat sie mit Bertram einige Stunden vereinbart.

Verweigerung: Das ist meine Sache!

Die nächsten zehn Tage sind bei mir ausgefüllt mit familiären Verpflichtungen. Wir feiern ein Familienfest. Beate ist auch eingeladen. Sie ist recht still, taut erst allmählich auf, nimmt aber Kontakt mit anderen auf, wenngleich zögernd. Beim Ballspielen draußen auf der Wiese ist sie mit viel Spaß dabei. Beim Abschied am Abend weint sie, weicht beim Thema Schule aus.

Mir ist unklar, ob sie überhaupt noch hingeht. Es scheint so, als ob sie sich von der Prüfung zur Mittleren Reife abmelden will. Ich denke: Schade! Sie hat fast zwei Jahre darauf hingearbeitet. Warum läuft sie jetzt weg? Und wovor läuft sie weg? Mit ihrem Verhalten verhindert sie einen Schulabschluß, so wie früher auch schon. Sie wiederholt etwas. So frage ich, wofür das Weglaufen und Verweigern damals gut war. Und Beate gibt sich selbst die Antwort: „Nur so konnte ich mich selbst behaupten, indem ich gerade das nicht tat, was meine Mutter wollte." Sie handelt wieder nach einem alten Muster. Damals war es vielleicht für sie wichtig. Aber braucht sie es im Moment auch noch?

Am Tag darauf hat Beate Geburtstag. Ich rufe sie an und wünsche ihr alles Gute, das, was sie im Moment für sich braucht. Sie klingt sehr lebendig am Telefon. Zum Thema Schule sagt sie ausweichend: „Das ist meine Sache."

Sie hat ja recht. Sie hat mich zwar immer wieder um Unterstützung und Beratung in ihren Schulschwierigkeiten gebeten, wenn sie es gebraucht hat, aber es ist ihre Sache.

Trotzdem merke ich nach einiger Zeit, wie bei mir ein Gefühl des Unbehagens sich ausbreitet. Ich fühle mich ausgetrickst! Jetzt, wenige Wochen vor der Prüfung, läßt sie alles sausen.

Mich stört weniger, daß sie die Prüfung nicht machen will. Vielmehr stört mich, daß sie die dafür verantwortlichen Schwierigkeiten wegschiebt und sich ihnen nicht stellen will. Ich bin nicht bereit, ihre Passivität zu unterstützen.

Am nächsten Tag bekomme ich einen Brief mit neuen Tönen:

Liebe Hannelore! Gott ist tot. Wenn er solche Gebote aufstellt wie Jesus in der Bergpredigt, so ist er für mich tot. „Wenn dir einer einen Streich auf die rechte Backe gibt, so halte auch die linke hin . . ." Ich werde sie nicht mehr hinhalten!

Klar – ich bin nicht mehr klein. Aber Schwierigkeiten habe ich immer noch wegen damals . . . Und jetzt weiß ich, daß ich mich nicht umbringen werde. Eher bringe ich sie um. Ich sage nicht mehr: „Ihr kriegt mich nicht, und wenn das mein Leben kostet; ich mache mich so krank, daß ihr das Interesse an mir verliert." Ich sage jetzt: „Ihr könnt mich kriegen, und ich werde es euch

schon zeigen. Aber nicht so, wie ihr es wollt . . ." Wenn ich meine Freiheit zu einem lebenswerten Leben nicht bekomme und sie nicht aufhören, mir aufzulauern, bringe ich sie um. Und Gott bringe ich gleich mit um. Wenn er mich in so eine Situation stellt und noch bestraft, wenn ich meiner Wut nachgehe und mich wehre. Ich will es heimzahlen . . . Denn ich will gefälligst ein lebenswertes Leben. Ein ganzes Leben. Ich könnte wild um mich schlagen.
Ich will mir keinen Trampelpfad vorsetzen lassen, weder weltlicher noch religiöser Art. Und egal von wem.
Wenn schon ein Gott, dann einer, der immer für mich ist, der mir hilft, wenn ich ihn brauche, ohne mich zu zwingen. Wie sollte ich einen Gott brauchen, der mich zwingt?
Ich werde nicht mehr alles hinnehmen in Abhängigkeit. Ich habe ein Recht, zu leben. Und niemand hat das Recht, mich einzuschränken oder mir weh zu tun . . .
Beate.
Rebellion auf der ganzen Linie, denke ich. Gegen die schlimmen frühen Muster in ihr selbst, gegen mich, gegen Gott. Es ist gut, daß sie endlich etwas von ihrer Wut spürt und sie nicht weiterhin nach innen kehrt und sich selbst damit weh tut. Aber hat sie ihre „Mordswut" unter Kontrolle? Hier ist der Schutzraum der Therapie notwendig! Das will ich ihr wenigstens noch in einem Brief schreiben, bevor ich für einige Tage verreise.
Doch was will ich mit meinem Brief? Ich sitze draußen auf der Terrasse und kaue an meinem Stift. Das Rapsfeld hinter unserem Haus leuchtet allzu gelb. Zwei Wochen sind seit dem Reaktorunfall in Tschernobyl vergangen. Immer noch zehnfach erhöhte Radioaktivität bei uns im Garten. Der Löwenzahn steht allzu groß in der Wiese, als wollte er sich wehren gegen die ungefragte Bestrahlung. Ich spüre noch meinem Gefühl der Ohnmacht, der Hilflosigkeit, der Angst und der Wut nach gegenüber den Ereignissen rund um den Reaktorunfall.
Da ist nun jemand wie Beate, die mit diesem Leben, mit dieser Welt so schwer zurechtkommt, an der Gewalttätigkeit leidet, einen Weg für sich zu finden versucht. Wie schwer fällt es mir, im Moment selber Hoffnung zu haben!

Aber jetzt will ich ja Beate schreiben. Ich möchte noch einmal klären, was mir in ihrem Brief zu vermischt schien: ihre Konflikte mit ihren *verinnerlichten* und ihren *realen Eltern.* So schreibe ich ihr also, daß kein Gott und kein Mensch von ihr verlangt, daß sie im Moment ihre rechte Wange auch noch hinhalten soll. Für mich ist es wichtig, genau hinzuschauen, wen Jesus mit diesem Satz anredet und in welcher Situation er spricht.

Beate schreibe ich:

Alles hat seine Zeit, so steht es in den Weisheitssprüchen. So gibt es Zeit zu lieben und Zeit zu hassen. Vielleicht gilt für dich, Beate, im Moment ein anderes Wort eher, das Jesus auch gesagt hat: Wer nicht seinen Vater, seine Mutter haßt, kann nicht mein Jünger sein. Damit hat Jesus übrigens nicht gemeint: Straft eure Eltern für das, was sie falsch gemacht haben. Ich möchte seine Worte einmal so interpretieren: Es geht nicht ohne radikale Absage, Trennung von den alten Einschärfungen, die krank und kaputt machen. Diese Elternbilder, die du verinnerlicht hast, die ein Teil von dir geworden sind, die darfst du hassen, dich von ihnen trennen, weil sie dich am Leben hindern. Wie kannst du sonst glauben, daß du in dieser Welt einen Platz hast, ein Recht auf Leben, und daß Gott dich liebt?

Es ist gut, daß diese Gefühle, die du im Moment hast, jetzt hochkommen. Du darfst dich dem Kampf mit deinen inneren Eltern stellen! Tu das, indem du es in der Therapie angehst!

Jesus hat übrigens niemanden gezwungen. Das ist nicht der Gott, den Jesus gemeint hat, von dem du schreibst. Jesus hat die Menschen allerdings auf verschiedene Weise angeredet. Sein Ziel war immer das gleiche, nämlich zu heilen, Menschen auf Gottes umfassende Liebe aufmerksam zu machen, ihre Lebenskanäle wieder zu öffnen.

Ich wünsche dir, daß du das für dich heilende Wort entdeckst und in dich hineinnimmst. Ich wünsche dir ein heiles, ganzes, kraftvolles Leben.

Hannelore.

Ich bin im Moment nicht Beates Hauptbezugsperson, das ist Bertram, und ich bin froh darüber. Er wird für Beate in den

nächsten Tagen erreichbar sein, während ich Ferien mache. Ich rufe Beate vor der Abfahrt noch an, um mich bei ihr zu verabschieden, teile ihr mit, daß ich ihren Brief schriftlich beantwortet habe, und frage, was die Wut im Bauch macht.
Beate sagt: „Ach, es geht schon wieder."
Ich sage: „Ich finde es gut, daß du deine Wut jetzt spürst. Bloß – *umbringen* ist keine Lösung. Die Arbeit mit der Wut gehört in die Therapie. Vielleicht kannst du mit Bertram ja noch ein Treffen in den nächsten Tagen verabreden." Beate zögert: „Ja – vielleicht – er ist im dringenden Fall erreichbar. Mal sehen. Ich komme schon klar, glaube ich." Ein etwas kühles, kurzes Gespräch von ihrer Seite, wie jetzt schon öfter.

Beziehungsklärung

Die Ferientage sind schön. Ich habe Muße, mir über vieles klar zu werden. Auch über Beates momentane Beziehung zu mir.
Beates rebellische Seite, die ich zu spüren bekomme, ist für sie enorm wichtig. Aber hat sie einen neuen Weg entdeckt oder wiederholt sie nur ein Muster ihrer Kindheit? Macht sie es mit mir nicht ähnlich wie mit ihren Eltern, indem sie in der Verweigerung ihre Selbstbehauptung sucht?
Wenn ich sie frage, wie es in der Schule geht, so geschieht das aus dem Interesse heraus, daß ich sie mag und ihr gute Chancen für eine Berufsausbildung wünsche. Aber sie hört etwas anderes heraus: „Ich soll es Hannelore wohl recht machen und gut in der Schule sein. Das mag ich aber ganz und gar nicht. Ich bin ich! Die Schule ist meine Sache!"
In ihrer inneren Logik ist das Weglaufen, das Nichtschaffen ein Schutzmechanismus. Er dient dazu, die darunter liegenden, eigentlichen Enttäuschungen und Bedürfnisse gerade nicht zu fühlen; z. B. den Wunsch, so wie sie ist, angenommen zu sein. Kein Wunder also, daß sie in den letzten Wochen in eine tiefe Identitätskrise geraten ist, gerade zu der Zeit, wo all ihre Bollwerke in Gefahr waren.

Am Strand habe ich Zeit zu lesen. Die Worte von Khalil Gilbran an eine Mutter sprechen mich an: „Eure Kinder sind nicht eure Kinder. Sie sind die Söhne und Töchter der Sehnsucht des Lebens nach sich selber. Sie kommen durch euch, aber sie sind nicht von euch. Und obwohl sie mit euch sind, gehören sie euch doch nicht. Ihr dürft ihnen eure Liebe geben, aber nicht eure Gedanken; denn sie haben ihre eigenen Gedanken . . ."
Und da sehe ich meine Kinder im Sand spielen, im Meer herumtollen . . . Sehr eigenständig. Wie oft unterschätze ich ihre Eigenständigkeit und will, daß sie es mir recht machen! Und ich denke auch an Beate. Ich will ihre Eigenständigkeit, ihr Tempo, ihre Entscheidungen respektieren. Meine Ungeduld, meine Einschätzung, daß sie es jetzt mit der Schule schaffen könnte, entsprechen nicht mehr ihrer inneren Logik. Sie muß es mir nicht recht machen.
Wer ist Beate, wenn sie schön, erfolgreich und schlank ist und Kontakt mit anderen hat? Am Strand kommt mir die Idee, die Geschichte vom Grauvogel zu schreiben als eine Parabel für Beates Weg. Ich brauche Klarheit, und das ist meine Art, sie zu finden.
Auch Beate arbeitet an der Klärung. Als wir wieder zu Hause sind, finde ich folgenden Brief von ihr vor:
„Hallo, Hanne!
Danke für deinen langen Brief. Ich weiß, was das bedeutet (so viel Zeit). Ich weiß auch, daß du dir Sorgen um mich machst. Aber – vertraust du doch nicht in meine Kraft? Ich weiß selber, was für mich gut ist. Und wenn das nach außen erst mal als pure Selbstzerstörung sichtbar wird – tja, dazu kann ich nur sagen –, it's part of the game.
Als Du neulich gesagt hast, ‚es ist gut, daß Du Deine Wut spürst, aber das gehört in die Therapie', da hätte ich Dir ins Gesicht springen können. Ich habe es verdammt noch mal zum Kotzen dick, wenn andere ungefragt meinen, sie müßten für mich wissen und bestimmen und sagen, was für mich ‚das Beste' wäre. Wenn ich darum frage, ist das was anderes. Ich weiß, daß Du es ja nur gut meinst . . . Aber von meinem Gefühl her könnte ich Dir im Moment ehrlich das Gesicht zerkratzen. Weißt Du, ich finde ein-

deutig, daß Du eine tolle und bewunderungswürdige Frau bist. Einwandfrei. Aber ich mag auch nicht alles an Dir, und ich bin anders als Du. Ich mache Dinge anders als Du. Deswegen schätze ich Dich trotzdem.
Manchmal ist es wichtig, so was auszusprechen, und jetzt ist so ein Zeitpunkt. Und mag das in Deinen Augen noch so eine kindlich-unvernünftige Re-Aktion sein.
Ich achte darauf, daß ich möglichst niemand anderem schade. Aber was ich mit mir mache, ist meine Sache. Und es ist psychologisch. Ich habe einen Punkt in mir, der mich immer davor bewahrt, vollends die destruktive Kurve zu kratzen. Also keine Sorge nötig. Ich habe die Mittlere Reife für dieses Jahr und vielleicht für ganz oder länger in den Wind geschrieben.
Meine leibliche Mutter würde jetzt sagen: Dich reitet wohl der Teufel! Es besteht ja die Möglichkeit, daß Du auch sagst: ‚Ei, Mädel, so lasse ich auch nicht mit mir umspringen und reden. Weg mit Dir!' Tja, aber wenn Du mich nur als pflegeleichten Therapiefall möchtest, der brav seine Probleme und Zustände und Lösungen abliefert, dann liegst Du einfach daneben. Punkt und fertig.
So, und wenn Du diesen Brief jetzt gelesen hast, dann hast Du hoffentlich nicht schon an dieser Stelle wieder vergessen, daß da auch drin steht, daß ich Dich auch gut finde. Capito? Beate"

Magst du mich noch?

Ich lache in mich hinein, als ich den Brief lese. Was traut sich Beate da! Toll, die Kraft, mit der sie sich mit mir auseinandersetzt!
An manchen Stellen spüre ich Ärger. Beate – ein „pflegeleichter Therapiefall" nach dem langen Prozeß, den wir miteinander durchgemacht haben?
Und das ist die Falle, in die sie mich lockt: „Meine leibliche Mutter würde sagen, Dich reitet wohl der Teufel." Dahinter steht die Frage: Was wirst *du* tun, wenn ich dir gegenüber Kritik

äußere? Wenn ich rebellisch und schwierig bin? Wirst du es wie Mutter machen?
Ich brauche Zeit zum Nachdenken, wie ich reagieren will. Eines ist jedenfalls klar: ich will nicht aus dem Prozeß aussteigen; ich will sie nicht wegschieben. Ich sehe in Beate das Kind, das anerkannt werden möchte.
Am nächsten Tag bekomme ich übrigens schon wieder einige Zeilen von Beate: *„Du hast soviel für mich getan, wofür ich Dir dankbar bin, und trotzdem schreibe ich Dir so einen Brief."* Das heißt doch wohl: „Mami, sei nicht so streng mit mir!"
Ich lasse mir einige Tage Zeit und suche für mich selbst Supervision. Dabei wird mir klar, daß jetzt das persönliche Gespräch dem telefonischen oder dem Schreiben deshalb vorzuziehen ist, weil es die klarste Kommunikation ermöglicht. Und mir wird klar, daß ich auch nochmals mit Bertram reden muß, damit Beate uns beide nicht auseinanderdividieren und gegeneinander ausspielen kann. Ich möchte, daß wir ihr gegenüber in ähnlicher Weise handeln. Zu Beate will ich sagen: „Was du brauchst, ist eine sichere Beziehung. Ich laufe nicht weg. Ich finde es auch in Ordnung, wenn du mir Dinge sagst, die dich an mir stören. Ich möchte aber auch deine Zusicherung haben, daß *du* aus diesem Prozeß nicht wegläufst. Auch wenn du zu einem anderen Berater oder Therapeuten gehst, kannst du das ja dazu benutzen, gerade das nicht zu bearbeiten, was ansteht."
Das nächste Gespräch mit Beate ist ein gutes und offenes mit vielen Emotionen. Beate beschreibt ihren Zustand als ein Immer-mehr-in-die-Enge-getrieben-Werden. Gerade, weil ich dasselbe sage wie Bertram: „Ich gehe nicht weg. Ich stehe zur dir."
In ihrer eigenen Psycho-Logik heißt das ja: Die alten, früher nötigen Schutzmauern, Abwehrmechanismen werden dünner, wenn die Dynamik nicht mehr funktioniert: „Ich mach' mich so krank und so schwierig, daß ihr das Interesse an mir verlieren müßt." Und darunter drängen die ursprünglichen Bedürfnisse und Gefühle, die Sehnsucht nach Liebe, heraus, die damit niedergehalten wurden.

Berührung neu zulassen

Um mit diesen früh abgedrängten Gefühlen wieder in Kontakt zu kommen, sind alle therapeutischen Formen sinnvoll, die den Körper mit einbeziehen, wie beispielsweise die Bioenergetik. Ich weiß, daß Bertram auch auf diese Weise mit seinen Klienten arbeitet, und bin froh, daß Beate bei ihm ist. Was sie jetzt braucht, ist eine weiterführende Therapeutenbeziehung. Bertram baut sie im Moment auf. Beate kommt zweimal wöchentlich zu ihm und kann ihn auch telefonisch erreichen. Mein Teil war und ist der soziale Kontakt, beratend, seelsorgerlich unterstützend, eher ein „Beeltern".
In den folgenden Tagen nehme ich an einem Fortbildungsseminar teil, das in Bertrams Praxisräumen stattfindet. Bei dieser Gelegenheit tausche ich mich mit ihm über Beate aus. Am zweiten Tag treffe ich sie dort zufällig in der Mittagspause. Sie hat eine Therapiestunde mit Bertram hinter sich und fragt mich, ob ich mit ihr und Bertram zusammen gleich noch eine zweite Stunde machen möchte. Sie will jetzt auf Bertrams Vorschlag eingehen und sich auf eine Körperarbeit einlassen, obwohl sie große Angst hat. Ich freue mich, daß sie mich fragt.
Dann liegt sie auf einer Matratze und atmet nach Anweisung von Bertram. Mit ihrem Atem soll sie einen Ton machen. Bertram unterstützt ihre kleine Stimme, die erst zaghaft und angepaßt lauter wird, bis endlich der Schmerz eines kleinen Kindes durchbricht, das viel alleingelassen war und beschlossen hatte, nichts raus und nichts rein zu lassen, sich lieber zu panzern.
Ich halte Beate fest im Arm, während sie schreit, bin selber tief berührt. Da ist ein Anfang gemacht. „Meine Haut wird immer dünner", sagt Beate. Es ist noch ein Stück Weg für dieses kleine, verletzte Kind in Beate. Wird sie sich trauen, weiterhin neue Erfahrungen zu machen? Wird sie ihre eigene Identität finden, ohne an ihren Problemen festhalten zu müssen? Dieser Prozeß ist noch nicht beendet. Aber da ist Hoffnung.
In diesen Tagen habe ich die Geschichte vom Grauvogel zu Ende geschrieben und schicke sie ihr.

DIE GESCHICHTE VOM GRAUVOGEL

Es war einmal ein kleiner grauer Vogel. Seine Wohnung war ein enges, graues Nest auf einem grauen Baum, und aus einem schwarzen Ei war er geschlüpft.
Wenn er sich neugierig umschaute, sah er die Grauschwärze des Waldes, den grauen Nebel, der hindurchwallte, und er hörte das dumpfe Krächzen der Eltern, wenn sie ihm die Nahrung des Tages brachten.
„Ob das die ganze Welt ist?" dachte der kleine Vogel und lugte über den Nestrand, so daß er beinahe herausgefallen wäre. „Bleib sitzen!" mahnte die Mutter, die gerade dabei war, das Grau ihres Federkleides zu putzen. „Das Leben ist schwer und gefährlich!" Dabei seufzte sie tief und verspeiste einen dicken Regenwurm, den sie sich für alle Fälle aufgehoben hatte.
Enttäuscht zog der kleine Vogel sich zurück. Da kamen seine größeren Geschwister angeflogen. „Endlich eine Abwechslung", dachte er. „Sie haben doch schon ein wenig von der Welt gesehen. Ich bin gespannt, was sie mir erzählen." Doch das Vogelkind wurde wieder enttäuscht. „Du wirst schon selber noch merken, wie das Leben ist, wenn du zur Vogelschule kommst", schrien sie und lachten dabei.
Danach machten sie ihre Start- und Schnellflug-Hausaufgaben, und wer der Schlechteste war, wurde ausgelacht. Der kleine Vogel kuschelte sich ganz fest in sein graues Nest. Was da draußen wohl auf ihn wartete?
Da hörte er das bekannte Krächzen des Vaters. Vielleicht konnte er etwas über das Leben draußen erzählen? Fröhlich und voller Erwartung piepste er ihm entgegen. Doch der Vater brüllte: „Ruhe im Baum! Den ganzen Tag hab' ich schon den Lärm der Ungeziefer-Vertilgungs-Werkstatt ertragen müssen, nur um eure Mäuler zu stopfen. Ich bin fix und fertig!" Und nachdem er seinen abendlichen Schlaftrunk zu sich genommen hatte, ertönte sein Schnarchen weithin über die Wipfel der Bäume.
„Ob es sich lohnt, die Welt kennenzulernen?" dachte der kleine Vogel, und er schlief traurig ein.
So vergingen die Tage im grauen Nesteinerlei. Oft war er allein, und sein Piepsen schien niemand zu hören. Der kleine Vogel

wuchs trotzdem, auch wenn die Nahrung oft bitter war und das Wasser salzig.

Immer noch zogen graue Nebelschwaden durch den Wald, wo das zänkische Geschrei der grauen Vögel ertönte. Der kleine Vogel war jetzt schon so groß, daß er ein paar Hüpfer aus dem Nest wagen konnte auf die Äste des Heimatbaumes. Und da geschah das Wunderbare!

Als er vorsichtig auf den grauen Ästen balancierte, verlor er das Gleichgewicht und rutschte einen Zweig tiefer – auf einen Ast, wo er noch nie gewesen war. Erschreckt klammerte er sich fest und schaute nach oben: Da sah er etwas, was er noch nie gesehen hatte! Zwischen den Wipfeln der grauen Bäume leuchtete ein Stück Himmel in einer noch nie gesehenen Farbe!

Den kleinen Vogel ergriff ein neues, unbekanntes Gefühl, ein Ziehen in seinem Herzen. „Es gibt doch noch etwas anderes außer der grauen Welt!" schrie er begeistert, und weil er so aufgeregt war, paßte er nicht auf und fiel hinunter auf die Erde.

Oh, es tat weh! Wie schimpfte die Vogelmutter, als sie den Kleinen wieder ins Nest trug. „Du hättest dir alle Flügel brechen können! Warum hast du nicht gehört, was ich dir gesagt habe? Bleib stets auf den vorgeschriebenen Sitzästen!" – „O ja, das Glück hat seinen Preis", dachte der Vogel.

Noch lange nach seinem Sturz tat ihm alles weh. Aber sein Geheimnis hütete er wohl. Er hatte etwas erblickt von unglaublicher Schönheit. Und daher glaubte er nicht mehr alles, was seine graue Familie ihm sagte.

Heimlich warf er immer wieder einen Blick auf die wundersame Himmelsfarbe. Wenn Mutter ihn dabei entdeckte, zog ihr harter Schnabel ihn zurück ins Nest. Das war schlimm für ihn. Seinen Schmerz schluckte er hinunter mit den Brocken, die Mutter ihm zu essen gab. Trotzdem saß er auf seinem Ausguck, so oft es ging.

Einmal, als die Himmelsfarbe sein Herz wieder erwärmte, erblickte er etwas Neues: Hoch oben flogen Vögel. Jubelnd zogen sie ihre Kreise, und ihr Gefieder schimmerte hell in vielen Farben.

Im Herzen des kleinen Vogels zersprang der schwere, graue Klumpen der Traurigkeit in tausend Stücke, und er weinte vor Schmerz und Freude. „Ich wußte es doch. Es gibt nicht nur graue Vögel, die krächzen und jammern."
Und erneut war er so aufgeregt vor Freude und schlug so heftig mit seinen kleinen Flügeln, daß er wiederum das Gleichgewicht verlor; und weil er noch nicht gelernt hatte zu fliegen, fiel er hinunter und verletzte sich den rechten Flügel.
Da war auch Mutter schon wieder, und er hörte: „Du dummes Kind! Wie kannst du nur so ungehorsam sein! Gleich wird dich die Katze fressen. Das kommt davon, wenn man nicht auf Mutter hört und das Nest verläßt und zu neugierig ist. Wie soll denn jemals aus dir ein richtiger Grauvogel werden?" Und die Mutter kochte ihm Nebeltee und machte ihm kalte Umschläge.
Der kleine Vogel dachte: „Ich soll werden wie sie? Ein richtiger Grauvogel? Nein, das mag ich nicht! Nicht, nachdem ich die bunten Vögel gesehen habe. Ich werde nicht so werden wie ihr! Eines Tages werde ich's euch zeigen!"
Doch vorläufig mußte er noch vieles schlucken, was ihm die Grauvogeleltern, die Geschwister, die Verwandten gaben. Er legte sich ein dickes Federkleid zu, so daß er richtig gut gepolstert und gepanzert war, damit die Püffe und Zwicke nicht gar so weh taten. Nun kam die Zeit der Grauvogelschule: „Du mußt in die Schule gehen, damit du ein rechter Grauvogel wirst und später den ganzen Tag wie ich in der Ungeziefer-Vertilgungs-Werkstatt arbeiten kannst", sagte der Vater. „Damit du den Schnabel zum Hacken benutzen lernst; denn das Leben ist Kampf", so lachten die Geschwister. „Damit du lernst, gute Nebelsuppe zu kochen und Nebeltee", sagte die Mutter, „und wie man Regenwurmvorräte anlegt und sein graues Kleid stets schön grau hält."
Die Grauvogelschule war am Rande des großen Grauwaldes. Und welch eine Überraschung! Als der kleine graue Vogel dort ankam, entdeckte er, daß er weit hineinsehen konnte ins Land, das keineswegs nur grau war, sondern hell und bunt, und die Farbe des Himmels leuchtete über allem. „Dort hinaus, in die

bunte Welt will ich fliegen!" dachte der kleine graue Vogel. „Was soll ich in der Grauvogelschule?"
So kam es, daß er oftmals nicht aufpaßte, was der Lehrer sagte. Als er deswegen bei seiner ersten Schnellflugübung versagte, lachten die anderen und sagten: „Ha – du bist ja dumm! Wie willst du denn die Schule schaffen?"
„Gut", dachte der kleine graue Vogel. „Ich werde auch die Schule nicht schaffen; denn ich will ja kein Grauvogel werden, wie ihr es seid. Nie, nie will ich so werden wie ihr!" Und er lachte heimlich in sich hinein, weil er sich darüber freute, wie schlau er war.
Fortan ließ er nichts mehr in sich hinein und verweigerte dem Lehrer die Antworten. Manchmal allerdings war seine Neugier stärker, und er horchte begierig zu, was alles so über die Welt erzählt wurde. Bei den Flugübungen kam es ihm zustatten, daß er sich einmal seinen rechten Flügel verletzt hatte. So erwartete niemand eine glänzende Flugleistung von ihm.
Manchmal sah er, wie Eltern und Lehrer sorgenvoll die Köpfe zusammensteckten und über ihn, den ungeratenen Vogel, beratschlagten.
„Mich kriegt ihr nicht so hin, wie ihr es wollt", dachte der kleine Vogel. Auch zu Hause wagte er es immer mehr, zu widersprechen, und manchmal unbequeme Fragen zu stellen. Da erging es ihm aber schlecht. „Wer kein rechter Grauvogel werden will und in der Schule nichts leistet, hat kein Recht zu leben!" brüllte der Vater, und die Mutter jammerte und ließ die grauen Flügel hängen: „Kind, siehst du nicht, wie schlecht es mir geht? Du wirst schon sehen. Wenn du weiter so böse bist zu deinen Eltern, dann holt dich die Katze!"
O ja, der kleine Vogel hatte es nicht leicht, aber er gab nicht auf. „Ihr kriegt mich nicht – lieber sterbe ich!" Und einmal wäre er auch beinahe gestorben. War es der Widerschein der Himmelsfarbe in seinem Herzen, die er nicht vergessen konnte, die Sehnsucht nach den bunten Vögeln, zu denen er hinwollte, was ihn daran hinderte?
Der kleine Vogel war sehr einsam, und wenn er seinen Schmerz, und die Sehnsucht in seinem Inneren nicht mehr ertragen konn-

te, dann stopfte er sich voll mit allem, was ihm vor den Schnabel kam. Davon wurde sein Bauch prall, und das fühlte sich besser an, als wenn da nur die Leere war. Leider half dies nur kurz!
Wie gut, daß auch in einem Grauwald die Jahre vergehen! Als das Ende der Schulzeit in Sicht war und die Grauvogelfamilie hoffte, der kleine Vogel würde den Grauvogel-Flugabschluß schaffen, hielt er es nicht länger im Grauwald aus.
„Ich geh' fort", so rief er. „Fort in die Ferne! Dahin, wo es bunte Vögel gibt und die Himmelsfarbe scheint. Ich werde den Grauvogel-Schulabschluß nicht machen." Und sein Herz hüpfte vor Freude.
Die Mutter klagte: „Was wird nur aus dir werden, draußen in der Fremde?" Aber als sie einsah, daß es nicht möglich war, den ungeratenen Grauvogel zu halten, gab sie ihm zum Abschied wenigstens noch drei Geschenke mit: „Damit du uns im Grauwald nicht vergißt": Und sie gab ihm Nebeltee und Nebelkuchen für alle Fälle mit. Und eine Nebelbrille: „Falls es dir in der Ferne zu bunt wird ..."
Die Mutter weinte beim Abschied und strich sich über das graue Federkleid. Vielleicht wäre sie auch gerne in die bunte Ferne gegangen? Und der kleine Vogel nahm die Geschenke an, um ihr nicht weh zu tun. „Wer weiß", dachte er, „vielleicht werde ich sie noch brauchen?"
Als der kleine Vogel den Grauwald verließ, traf ihn die Helligkeit so unvermutet, daß er erst einmal ganz schnell nach der Nebelbrille griff, um seine Augen zu schonen.
Dann schaute er sich interessiert um. Da gab es weite Wiesen und Felder, Blumen und Bäume, und die Himmelsfarbe tropfte durch ihre Blätter. Viele Vögel schwirrten umher, und ihre Stimmen klangen hell und heiter. „Wie grau und farblos bin ich dagegen!" sagte der kleine Vogel betrübt. Und er schämte sich sehr.
Da sah er vor sich eine kleine weiße Feder auf dem Boden liegen. Ein anderer Vogel hatte sie verloren. Vorsichtig hob er sie auf und betrachtete sie. „Wie wär's, wenn ich sie zwischen meine grauen Federn stecke?" dachte er. Und wirklich – sein Federkleid sah nicht mehr so eintönig aus! Da kam ihm ein Einfall:

„Ich will auch ein buntes Federkleid haben. Ich sammle nur die Federn der bunten Vögel und stecke sie mir an. Dann werde ich sein wie sie, und niemand wird erkennen, daß ich in Wirklichkeit ein kleiner, grauer Vogel bin."

Und frohgemut machte er sich auf den Weg, die bunten Vögel kennenzulernen. Er traf auf eine Schar, die fröhlich kreischend miteinander spielten.

„Ich möchte mitspielen!" rief der Grauvogel. „Ich möchte so werden wie ihr!"

„Nur zu", rief der Anführer der Vogelschar. „Schau dir die Spielregeln an – du wirst schnell lernen!"

Und der kleine Vogel schaute zu und machte mit. Das Spiel hieß „Futter wegschnappen" und schien recht lustig zu sein. Nach einer Weile merkte er jedoch, daß sich das Spiel von dem, was er zu Hause gelernt hatte, nur wenig unterschied.

Da wurde er sehr traurig und einsam und trank vom Nebeltee und aß vom Nebelkuchen, und es fühlte sich an wie zu Hause.

Aber es erwachte in seinem Herzen doch wieder dieses merkwürdige Ziehen wie damals, als er die Himmelsfarbe entdeckt hatte. Und da beschloß der kleine Vogel, wieder weiterzufliegen.

Ein paar der Federn seiner Spielgefährten steckte er sich noch an, obwohl ihm beim näheren Hinsehen die Farben nicht mehr so recht gefallen wollten. Sie waren kalt und stumpf. „Aber besser als nichts", sagte er zu sich selbst und flog davon.

Als nächstes begegnete er besonders bunten Vögeln, die saßen in Käfigen, allein, zu zweit oder zu mehreren.

„Gefällt es dir in deinem Käfig?" fragte der kleine Vogel eine prächtig buntgeschmückte Vogelfrau. „Ja, siehst du denn nicht, daß ich ihn gerade vergrößere? Soviel Platz hatte ich noch nie!" sagte sie stolz. „Und sieh doch, wie glänzend er geputzt ist!"

Kopfschüttelnd flog der kleine Vogel weiter. Was war der schönste Käfig, das bunteste Gefieder gegenüber der Weite der Felder und Wiesen, der Bäche, Seen und Flüsse?

„Wo bin ich zu Hause?" dachte der kleine Vogel, als er sich abends einen Schlafplatz suchte, und die Traurigkeit überfiel

ihn wie ein schwer-schwarzes Tuch, und er dachte an den Grauwald, aß Nebelkuchen und trank Nebeltee.
Am nächsten Morgen machte sich der kleine Vogel wieder auf den Weg. Er flog über Meere und Ozeane und lernte die Welt kennen. Sein Gefieder wurde immer bunter von all den Federn, die er auf seinen Reisen aufgelesen hatte. So fügte es sich, daß er eines Tages in ein entlegenes Gebirgstal kam.
Er war müde vom Fliegen, und er spürte seine alte Verletzung wieder. Gerade, als er auf seine vertrauten Vorräte zurückgreifen wollte, hörte er eine Stimme neben sich: „Magst du nicht einmal etwas anderes versuchen als immer nur Nebelkuchen und Nebeltee? Sei unser Gast im Tal der Regenbogenvögel!“ Ein kleines Vogelmädchen verbeugte sich zierlich und machte das Zeichen des Willkommens.
Der kleine Vogel war neugierig und folgte dem zarten Geschöpf. Dann sah er die Vogelsiedlung. Da gab es Nester voller Leben, und es waren kleine rosa und hellblaue Eier darin. Piepsende Vogelkinder warteten hoffnungsvoll auf Nahrung. Die Vogeleltern sangen einander ein Lied und brachten ihren Kindern, was sie brauchen. Von unbeschreiblich süßem Gesang war die Luft erfüllt und vom Flügelrauschen. Und die Farbe des Himmels leuchtete über allem, so daß das Gefieder der Vögel in allen Regenbogenfarben schimmerte.
Dem kleinen Vogel wurde es ganz warm ums Herz, als er all das sah, und er wußte: Hier ist, was ich gesucht habe.
„Sei uns willkommen“, sagte das kleine Vogelmädchen wieder. Ja, es war schön, dort zu bleiben!
Aber wenn er den Vogelkindern zusah, die so lebendig, so fröhlich, so neugierig, aber auch traurig und wütend sein durften, so wie es ihm niemals erlaubt gewesen war, da mußte er wieder an den Grauwald denken, und heimlich weinte er sehr.
Am liebsten wäre er eines von den kleinen Vogelkindern im Nest gewesen. Eine Vogelmutter sollte auch für ihn sorgen! Es tat weh, sich so klein und verletzlich zu spüren unter dem dicken buntverzierten Federkleid. Und er hatte große Angst, etwas davon zu zeigen.

Wenn er seinen Schmerz einmal zeigte, da gab es Vogelmütter und Vogelväter, bei denen er sich ankuscheln konnte, die ihn unter die Flügel nahmen, ihm zu essen gaben und ihm gute Worte sagten. Das war eine neue Erfahrung für ihn. Doch heimlich dachte er: Was würden sie von mir denken, wenn sie wüßten, daß ich nur ein kleiner, grauer Vogel aus dem Grauwald bin?

Je länger er im Regenbogental lebte, je mehr er von den Vögeln dort lernte, umso drängender stieg eine Frage in ihm auf: „Wer bin ich eigentlich? Ich bin nicht im Regenbogental geboren – ein Grauvogel will ich nicht sein – wer bin ich? Ich will herausfinden, wer ich bin!“

Und er flog auf die Spitze des höchsten Baumes, von wo aus man das ganze Regenbogental überblicken konnte. Da sah er am Fuße der Felsen einen See, den er noch niemals vorher gesehen hatte. Er schimmerte wie ein heller Kristall, und die Farbe des Himmels spiegelte sich in ihm. Neugierig flog der kleine Vogel näher heran. Er sah, wie die anderen Vögel darin badeten. Manche kamen langsam und gebückt dort an mit hängenden Flügeln, die eher grau waren als bunt. Doch wenn sie im Wasser gebadet hatten, schimmerte ihr Gefieder neu in den Farben des Regenbogens und sie schüttelten sich und flogen davon in den Wind.

Andere stiegen ins Wasser und tauchten, und wenn sie wieder herauskamen, ließen sie sich von den anderen Vögeln trocknen und wärmen, solange sie es brauchten.

„Was ist das für ein See?“ fragte der kleine Vogel.

„Es ist der See der Klarheit“, war die Antwort. „Wenn du hineintauchst, erkennst du, wer du bist und erkennst auch die Wahrheit der Dinge.“

„Gerade das will ich ja herausfinden“, dachte der kleine Vogel und flog näher ans Wasser heran. Aber als er mit einem Fuß in den klaren schimmernden Spiegel eintauchte, da erschrak er plötzlich. „Wird nicht mein dickes, gepolstertes, geliehenes Federkleid davonschwimmen, wenn ich ganz ins Wasser tauche? Jeder wird dann sehen, daß ich in Wirklichkeit nur ein kleiner, grauer Vogel aus dem Grauwald bin!“ Und er zögerte hineinzutauchen, und eine Träne rollte ihm ins Wasser. Wohin sie fiel, zog sie Kreise, und der kleine Vogel sah Bilder im Wasser aufsteigen, schwarze Bilder aus dem Grauwald, und was er sah, tat so weh, daß er meinte, es nicht mehr aushalten zu können. Und schnell flatterte er zurück.

An diesem Tag kam ihm das Regenbogental mit seinen Bewohnern unerträglich bunt vor, und er zog seine Nebelbrille auf, die er ja noch aufgehoben hatte für alle Fälle.

Seine Freunde, die ihn zum Entdeckungsfliegen abholen wollten, schickte er fort: „Ich brauch' euch nicht! Ihr wollt ja auch nur, daß ich mache, was ihr wollt!“ Und das Essen, das ihm eine Vogelmutter schickte, schüttete er fort.

Und er zog sich zurück in eine Baumhöhle nahe beim Wasser und blieb dort drei Tage und drei Nächte. Ganz allein war er, und die schwarzen Bilder aus dem Grauwald verfolgten ihn wie gespenstische Schatten. Er hörte Stimmen, die verhöhnten ihn: „Du bist und bleibst eben doch ein Grauvogel!“ Große schwarze Vögel hackten mit ihren spitzen Schnäbeln nach ihm, daß er am liebsten sterben wollte – sich wenigstens totstellen, nichts mehr spüren!

Aber dann tauchten hinter den Schatten und Verfolgern plötzlich bekannte Gesichter auf – die graue Vogelmutter, die ihm die Freude gestohlen hatte, der Vogelvater mit seinen harten Worten und Schlägen. Und der kleine Vogel wurde plötzlich sehr wütend: „Ihr seid schuld, daß ich nicht weiß, wer ich bin, was ich will und wo ich zu Hause bin, daß es mir immer wieder so schlecht geht!“ schrie er. „Nein – nicht ich will sterben – ihr sollt sterben!“

Und er schlug wütend mit den Flügeln. Aber dann fürchtete er sich vor der Katze. Hatte die Mutter nicht gesagt, unfolgsame, böse Vogelkinder hole die Katze?

Er weinte vor Verzweiflung, und dabei rutschte ihm die Nebelbrille herunter. Da blinzelte ein kleiner Strahl der Himmelsfarbe in sein enges Verlies, und sein Herz hüpfte, und er sah, daß es Morgen war.

„Ob meine Freunde noch für mich da sind?“ dachte er. „Dann will ich sie bitten, mir beim Hineintauchen zu helfen.“ Und er

kroch heraus aus seiner dunklen Höhle, probierte seine Flügel aus und flog zum Ufer des Sees.
Einige seiner Freunde waren dort. Da gab es Vogelmütter, Vogelväter und viele Geschwister. „Schön, daß du da bist", sagte das kleine Vogelmädchen.
„Wollt ihr bei mir bleiben, wenn ich hineintauche in den See der Klarheit?" fragte der kleine Vogel, und seine Stimme zitterte ein wenig. „Ich hab' so große Angst! Aber ich will endlich wissen, wer ich bin."
„Wir bleiben bei dir", sagten die Vögel. „Wir werden dich nicht alleinlassen, aber wir können nicht für dich ins Wasser steigen."
Da faßt sich der kleine Vogel ein Herz und tauchte in die Tiefe. Und was er sah, war das Bild eines kleinen grauen Vogels, der aus einem schwarzen Ei schlüpfte, und niemand war da, der ihn willkommen hieß.
Und dahinter – in endloser Kette – waren noch viele andere graue Vögel, wie er aus einem schwarzen Ei geschlüpft. Und sie schauten ihn an mit traurigen Augen. Da stieg der Schmerz in ihm hoch, so daß er glaubte, er müsse zerspringen. Doch es spülte ihn eine Welle nach oben, und er spürte die beschützenden Flügel der anderen. Da öffnete er seinen Schnabel und schrie. Er schrie und schrie heraus, wofür er bisher weder Namen noch Stimme hatte, weil es in seinem Körper eingesperrt gewesen war sein Leben lang.
Als er seine Augen öffnete, war sein altes Federkleid, hinter dem er sich immer so gut versteckt hatte, vom Wasser davongespült. Er schaute an sich herunter und sah einen jungen, zerzausten Vogel, von dem die Wassertropfen abperlten, und sein Gefieder leuchtete in der Sonne in den Farben des Regenbogens.
Ein Sonnenstrahl kitzelte ihn, und als er heftig niesen mußte, staubte der letzte Graunebel heraus, der noch in seinen Federn hing.
„Ich danke euch", sagte der kleine Vogel und lächelte. „Nun, hast du entdeckt, wer du bist?" fragten die anderen Vögel neugierig und stubsten ihn zärtlich mit ihren Schnäbeln.

„Ich habe das Wesen meiner Geschichte entdeckt“, antwortete der kleine Vogel. „Ich habe einen kleinen, grauen Vogel gesehen, geschlüpft aus einem schwarzen Ei, den niemand willkommen hieß.
Aber *ich* habe ihn lieb.“

Leserhinweis: „Die Geschichte vom Grauvogel“ ist im Eigenverlag der Autorin als illustrierte Ausgabe erschienen und über folgende Adresse erhältlich: H. Morgenroth, Allingerstraße 24a, D-8039 Puchheim.

DREI JAHRE DANACH . . .

Wie es weiterging

Inzwischen sind genau drei Jahre vergangen, seit ich die Geschichte vom Grauvogel geschrieben habe, der es gewagt hat, in den See der Klarheit zu steigen und mit den Entdeckungen zu leben.

Vor mir liegt ein Foto von Beate, das sie mir vor ein paar Tagen geschickt hat. Eine erwachsene, schöne und schlanke Frau ist darauf zu sehen, die behutsam ihre kleine Tochter auf dem Arm trägt. Beate – die „Glückliche", wie ihr Name es sagt! „Heute habe ich meinen Führerschein bekommen. Zum ersten Mal habe ich bewußt eine Prüfung bestanden!" schreibt sie. Sie hat ja inzwischen auch gelernt, ihr Lebensfahrzeug in die eigene Hand zu nehmen. Sie lebt in einer festen und warmen Beziehung zu ihrem Mann und ihrem fast zweijährigen Kind.

Bevor ich dieses Manuskript abschließe, mag ich mich mit Bertram zusammensetzen, um mit ihm gemeinsam noch einmal Beates Geschichte durchzugehen, ein Stück Rückschau zu halten.

Wir treffen uns am Englischen Garten in einem kleinen Straßenrestaurant und erinnern uns: Ein bißchen kommen wir uns vor wie Eltern, die über ihre inzwischen erwachsene und selbständige Tochter reden. Eltern, die sich lustigerweise erst dann kennenlernten, als sie gemerkt hatten, daß sie dieselbe „Tochter" in deren schwierigen Lebenssituationen begleiteten.

„Wie lange kam Beate eigentlich noch zur dir in Therapie?" frage ich Bertram.

„Bis Herbst vorigen Jahres war sie bei mir in einer Gruppe", antwortet Bertram. Ich frage weiter: „Welchen Eindruck hattest du von ihr, als sie das erste Mal zu dir kam? Magst du einmal einen kurzen Rückblick geben?"

„Als ich Beate vor einigen Jahren kennenlernte, schien ihre Welt völlig in Ordnung zu sein, da sie jeden freundlich anlächelte. Wie sie ja später herausgefunden hat, war es ihr Ausweg, um sich ein freundliches Lächeln bei anderen zu holen, das ihr in der Kindheit so sehr gefehlt hatte. Es war ihr Schutz, damit niemand kritisch und abweisend schaute. Für sie wurde aller-

dings dadurch jeder Kontakt anstrengend. Dadurch, daß sie niemanden merken ließ, wie sie sich wirklich fühlte, blieb sie einsam und verzweifelt und hilflos wie in der Kindheit."
Ich nicke. Das allzu sonnige Lächeln bei Beate ist mir damals auch aufgefallen. Bertram fährt fort: „Es war für mich schwierig, ihre Verzweiflung und Hilflosigkeit auszuhalten. Am liebsten hätte ich ihr sagen wollen, was sie anders machen soll, damit es ihr besser geht. Aber damit wäre Beate wieder verlorengegangen wie in der Kindheit, wo sich niemand dafür interessiert hatte, sie kennenzulernen. Wo niemand dagewesen war, ihre Gefühle auszuhalten.
Für Beate dagegen war es schwer auszuhalten, daß ICH im Unterschied zu ihren Erfahrungen in der Kindheit meist *nichts* von ihr erwartete. Ich glaube, am schlimmsten war es für sie, wenn ich ihre Frage ‚Was soll ich tun' meist nicht beantwortete, sondern den Hintergrund ihrer Unentschlossenheit erforschte. Nur so konnte ich ja vermeiden, daß sie sich weiter nur anpaßte, statt sich selbst kennenzulernen.
Ich denke, du warst ihr Rettungsanker, denn sie konnte bei dir in der Familie dabei sein, ohne daß jemand etwas von ihr wollte, wie sie es einmal gesagt hat.
Es dauerte fast ein Jahr, bis sie merkte, daß ihr Leiden in der Kindheit für sie ein Schutz gewesen war, um die Eltern nicht eifersüchtig zu machen. Aber dann kam der Tag, an dem sie einen Fingernagel verschont hatte beim Abknabbern. Was für ein Fest!"
„O ja, ich erinnere mich an einen Anruf: Ich lasse meine Nägel wieder wachsen." Und Bertram fährt fort: „Und dann hatte sie Angst vor mir, als sie ihren Fingernagel das nächste Mal doch wieder abgebissen hatte. All die schlimmen Erinnerungen an Kritik und erlittene Bestrafungen wurden wieder wach und so schmerzlich bewußt, daß sie wieder, wie so oft in der Kindheit, ‚am liebsten tot sein' wollte. Langsam erst konnte sie das Damals vom Heute trennen und sie kaufte sich ‚ohne Panik ein paar neue Kleidungsstücke', so hat sie diesen Prozeß einmal bildhaft ausgedrückt. Dieses Sich-etwas-wert-Sein war die Voraussetzung dafür, daß sie sich vorsichtig auf eine Beziehung

einlassen konnte, und sie erlebte schmerzlich voller Verwirrung, ‚daß mich jemand mögen kann'."
Das kann ich nur bestätigen: „Ich denke, in dieser Beziehung lief es zum ersten Mal anders als bisher, d. h. Beate gestaltete diese Beziehung anders – offen, ohne sich anzupassen und sich dabei zu verlieren. Sie klammerte Schwierigkeiten nicht aus, sondern sie stand sie gemeinsam mit ihrem Partner durch. Und als sie dann unerwartet schwanger wurde, gelang es ihnen, diese Herausforderung so durchzustehen, daß sich beide auf ihr gemeinsames Kind freuen konnten."
„Dabei war ihre Schwangerschaft eine Zeit, wo Angst und Zweifel sich mit Vorfreude abwechselten", meint Bertram.
„Eigentlich sehr normal", sage ich. „Mich hat es sehr beeindruckt wie sich Beate in dieser Zeit auf das kommende Kind eingestellt hat, wie sie sich eine Ärztin und eine Hebamme suchte, die bereit waren, mit ihr eine Hausgeburt durchzuführen, wie sie sich über Ernährung und Lebensweise während der Schwangerschaft informierte und wie sie sich aufs Stillen vorbereitete. Dabei hat sie in der Therapie-Gruppe Kontakt zu dir gehalten und zugleich zu mir wie zu einer Mutter, oder einer älteren Freundin, indem sie immer wieder fragte: ‚Wie ging es dir denn damals?'"
„Ja, und was für ein Erlebnis war dann die Geburt ihrer Tochter!" sagt Bertram, und mir fällt wieder ein, wie sie während unseres Familienurlaubes am Bodensee anrief, als die Wehen einsetzten, damit ich mit meinen Gedanken bei ihr sein konnte. Sie war voll Kraft und Freude, und ihre kleine Tochter wurde geboren, und alle, die dabei waren, hießen sie voller Liebe willkommen.
„Und dann wollte Beate eine gute Mutter sein", sagt Bertram, „und sie versuchte zu verhindern, daß ihr Kind schrie und schaffte es doch nicht. Das Schreien weckte weit zurückliegende Erinnerungen an ihr eigenes Babyalter, als sie verzweifelt geschrien hatte und niemand mit Verständnis und Sympathie gekommen war."
„Wie gut, daß sie das mit dir besprechen konnte", sage ich zu Bertram. „Ich denke, daß alle Frauen mit sehr kleinen Kindern

die Möglichkeit suchen und haben sollten, über ihre eigene Ambivalenz zu reden, über ihren eigenen Mangel, über ihre Bedürftigkeit, die geweckt wird, wenn ihr Kind schreit. Denn auch ihr ‚eigenes' Kind schreit, wenn sie in dieser ersten Zeit als Mutter alleingelassen oder zu sehr überfordert wird. Sicher ging es Beates Mutter damals ähnlich, als ihre Kinder klein waren. Ich erinnere mich auch noch, als Beate bei mir anrief und mir von ihren Schwierigkeiten erzählte, wie wichtig es für mich selbst gewesen war, als meine Kinder klein waren, von einer Omi oder einer Freundin unterstützt zu werden, damit ich wieder spüren konnte, wer ich bin, was ich selbst brauche! Wie kostbar, einen Abend nur mit dem Partner ausgehen zu können oder sich nur in Ruhe zurückzuziehen.

Ich denke, es tat Beate gut, zu hören, daß sie mit diesen gemischten Gefühlen ihrem Kind gegenüber nicht allein war. Und dann noch der Druck: Eine gute Mutter ist doch immer für ihr Kind da! Gerade weil sie es ja besser machen wollte, war ihr Druck ja noch größer!"

Bertram nickt. „Wahrscheinlich wird sie den Druck oder auch ihre Verzweiflung wieder spüren, aber es wird erträglich für sie sein, denn sie hat inzwischen genügend Sicherheit, ‚daß es wieder vorbeigeht', wenn sie herausfindet, was dahintersteht."

Wir verabschieden uns in Gedanken wieder von Beate. Bertram schwingt sich auf sein Rad, und ich gehe zur Straßenbahnhaltestelle.

Nachdem ich dieses Kapitel geschrieben habe, rufe ich Beate an, um ihr daraus vorzulesen. Sie lacht über unser „Eltern-Treffen" und findet sich auch recht gut wieder in dem, worüber Bertram und ich reflektieren.

Eins ist ihr plötzlich noch wichtig: „Du, ich möcht' nicht, daß die Leser denken, daß ich super zurechtkomme. Schreib auch, daß ich durchaus noch Probleme habe! So beiß' ich auch immer wieder an den Nägeln. Es gibt auch Tage, an denen ich mehr esse als sonst. Aber es stimmt, was Bertram gesagt hat: ich habe jetzt genügend Sicherheit, herauszufinden, was dahintersteckt, und die Erfahrung, daß es wieder vorbeigeht."

Am gemeinsamen Netz knüpfen

Als ich nach dem Gespräch mit Bertram mit der Straßenbahn in Richtung Innenstadt fahre, geht mir durch den Sinn, wie gut es doch war, daß Bertram und ich wenigstens in der letzten Phase von Beates Prozeß zusammengearbeitet haben und uns austauschen konnten. Schon früher hätte ich auf ihn zugehen sollen! Das hätte mir manches tastende Suchen erspart. Natürlich hätte ich Beates Zustimmung eingeholt.

Aber von mir aus einen mir damals ja noch unbekannten Therapeuten anzurufen und zu sagen: „Wollen wir nicht einmal über Beate reden, die mit ihren Problemen zu uns beiden kommt?“ kam mir nicht in den Blick. Erst als wir uns über eine gemeinsame Fortbildung kennenlernten, war das möglich.

Aber wird da nicht etwas ganz Typisches sichtbar, daß viele, die im sozialen, therapeutischen und seelsorgerlichen Bereich arbeiten, zu wenig Kontakt miteinander haben und sich keine Formen der Zusammenarbeit suchen? Kommt es nicht häufig vor, daß Retter-Phantasien und Rivalitäten zwischen Beratern, Therapeuten und Seelsorgern das Opferspiel vieler Hilfesuchender bestärken: Mir kann doch keiner helfen. Ich gehe ja schon von einem zu anderen. Wo ist das Netz, das wir gemeinsam knüpfen?

Es gibt sicher Orte, wo an einem gemeinsamen Auffangnetz z. B. für Suchtkranke und deren Angehörige geknüpft wird. Die Anonymen Alkoholiker mit all ihren Untergruppen sind da ein herausragendes Beispiel. Aber ich denke auch, daß da ein Energiepotential brachliegt.

Es gibt viele Menschen, die sich anrühren lassen von der Not mißhandelter Kinder oder psychisch labiler Jugendlicher oder von der Frau in der Nachbarschaft, die sich die Pulsadern aufgeschnitten hat. Gleichzeitig ist aber auch die Angst groß und die Erfahrung da, von deren Problemen aufgesogen zu werden. Also machen sie lieber ihre Tür zu und ihr Herz auch und delegieren diesen Bereich an Fachleute. Soweit das die Therapie psychischer Erkrankungen angeht, ist das auch sicher richtig.

Aber betroffene Menschen brauchen auch soziale, menschliche Kontakte, wenn sie wieder eigene Schritte in die Selbständigkeit gehen wollen.
Während ich dies schreibe, fällt mir Beates Martins-Laterne ein: Ein Haus mit Fenstern und offenen Türen. Meine Erfahrung ist, daß ich unser Haus nur öffnen konnte, weil ich mir auch erlaubt habe, es wieder zuzumachen. Klare Absprachen waren wichtig.
In den Anfangsjahren der Arbeit in einer Kirchengemeinde hatte ich oft das Gefühl, unser Haus bzw. unsere damals noch kleine Wohnung ist so offen, und es drängen so viele Leute herein, daß für mich und unser Familienleben kaum noch Platz blieb. Unser Haus war zwar offen, aber mein Herz war zu, weil ich keinen Raum mehr für mich selbst hatte. Immer waren anscheinend die anderen wichtiger, und ich konnte mich damals kaum abgrenzen.
Bei Beate war dies anders. Ich hätte mich nicht in dieser Intensität auf eine Beziehung einlassen können, wenn ich nicht selbst einen Ort gehabt hätte, wo ich für mein bedürftiges Kind in mir hätte sorgen können. Das war damals vor allem meine Ausbildungsgruppe, das war die Supervision, die ich bei Helmut Harsch und später bei Charlotte Christoph bekommen hatte. Diesen Ort zu haben ist meiner Meinung nach eines der wichtigsten Dinge, die Menschen brauchen, die aufgrund ihres Berufes oder ihrer Lebensphase für andere „sorgen“ müssen, auf verschiedene Weise andere „beeltern“. Nur so können Geben und Nehmen im Gleichgewicht sein.
Die andere Erfahrung ist die, daß es in einer offenen Beziehung keine Einseitigkeit gibt. Nie ist eine einseitig die Gebende oder einseitig die Nehmende. Wir haben voneinander gelernt, Beate und ich. Wir haben uns vieles gegenseitig gegeben. Die gleiche Erfahrung mache ich auch jetzt immer wieder in der Arbeit mit den Menschen, die zu mir kommen. Wir sind alle miteinander unterwegs – sicher habe ich im Unterschied zu manchen anderen einige psychologische Fachkenntnisse, aber ihre Themen berühren auch mein Leben. Ich bin eine von ihnen.

Wenn Menschen zu viel essen

Als ich 1983 Beate kennenlernte und mit ihrer Eßproblematik konfrontiert wurde, war dies absolutes Neuland für mich. Wie eine Detektivin kam ich mir manchmal vor, wenn ich Zusammenhänge suchte und anfing, Informationen zusammenzutragen.

Auch für die Medien waren Probleme der Eßsüchtigen zu diesem Zeitpunkt noch kaum ein Thema. Im Gegenteil: Das Schlankheitsideal warf seinen Schatten auf die übergewichtige Frau oder auf die, die sich dafür hielt. Durch die in fast jeder Zeitschrift regelmäßig wiederkehrenden Diätvorschläge, mit Kalorientabelle und Essensplänen den lästigen Pfunden zu Leibe zu rücken, wurde vielmehr suggeriert: Wenn du nur willst, dann kannst du! Und voller Staunen konnte die betroffene Leserin zwei Fotos betrachten, wie Lieschen Müller vorher 90 Kilo auf die Waage brachte und nachher (nach der empfohlenen Diät) als muntere Schlanke, Größe 38, in die Kamera blickte – oft einem Fotomodell nicht ganz unähnlich.

Damit eröffnete sich für viele Frauen ein Teufelskreis: Auf die Hoffnung, es auch zu schaffen (du brauchst nur die richtigen Rezepte – du mußt nur wollen), folgte die oft demütigende Erfahrung, das Essen eben doch nicht kontrollieren zu können. Das führte zu schlechtem Gewissen, Depressionen und daher oft zu erneutem Eßzwang.

Daß neben dem Problem mit dem Übergewicht noch ganz andere, heimliche Eßstörungen existieren, die vor allem bei jungen Mädchen auftreten, konnte die erstaunte Öffentlichkeit erfahren, als die Zeitschrift BRIGITTE 1985 in einer großangelegten Artikelserie über die Bulimie und Anorexie berichtete, der Sucht zu essen und sich dann selbst wieder künstlich zum Erbrechen zu bringen. Plötzlich beschäftigten Eßsucht und Magersucht Ärztekongresse, nach den Ursachen wurde verstärkt gefragt, Bücher erschienen zu dem Thema und betroffene Frauen meldeten sich zu Wort.

Ich fing an, auch bei mir stärker darauf zu achten, was Essen für mich bedeutet, bei welchen Gelegenheiten ich „Heißhunger“

auf etwas habe und wann mir der „Appetit vergeht". Und erschrocken fragte ich mich: Speise ich mich nicht auch manchmal ab? Wie ist es mit der Lust auf etwas Süßes, das Wohlbehagen suggeriert, aber eher ein klebriges Gefühl hinterläßt? Und wie ist es mit meinen Kindern? Viele Kleinigkeiten sind mir aufgefallen, wo Essen zum Ersatz wird, nicht mehr „Lebensmittel" ist, sondern vielleicht eher ein „Überlebensmittel" für anscheinend schwer erträgliche Situationen.

Menschen, die im Essen Zuflucht suchen, knüpfen an die ganz frühe Zeit ihres Lebens an, wo sie über die Mundwelt sich spürten und ihren Selbstwert entwickelten. Und das ist das Dilemma der Eßsüchtigen: Wie viele Lebensgeschichten Betroffener zeigen, fehlte eine Mutter, aus welchen Gründen auch immer, die sich emotional voll auf das Baby und dessen Bedürfnisse einstellen konnte. In der ersten Zeit der Mutter-Kind-Symbiose spürt das Kind z. B. die Verzweiflung und Verlassenheit der Mutter wie seine eigene, da noch keine Ich-Grenzen vorhanden sind. Wenn es nun zu trinken bekommt, gerät es in Anspannung, beginnt zu schreien, verweigert die Brust, beginnt zu spucken. Ein Teufelskreis, weil sich dadurch meist die Anspannung der Mutter noch vergrößert. Für beide entsteht mehr Streß.

Dabei bemüht sich die Mutter oft mit all ihren Kräften – das hat vor allem Colette Dowling in ihrem Buch „Perfekte Frauen" aufgezeigt. Gerade die Mutter, die ihr Bestes tun will, kann nicht verhindern, daß ihr eigenes „Baby-Ich" mit all seinen Erfahrungen und ungestillten Bedürfnissen durch das eigene Kind reaktiviert wird. Lebt die Mutter nun zusätzlich in einer Situation, wo sie selbst ständig zu kurz kommt und überfordert ist, das Kind vielleicht gar nicht gewollt hat, so nimmt das Baby diese Ambivalenz mit auf, schluckt es mit der Milch, so daß bei der süßen Quelle das Bitterwasser immer mit dabei ist, und es sich schlecht und unbehaglich fühlt.

Das Kind ist darauf angewiesen, daß auf seine Bedürfnisse und Gefühle angemessen reagiert wird. Nur so kann es ein klares Gefühl für sich selbst und seine Körperfunktionen und Bedürfnisse entwickeln. Das heißt, wenn es hungrig ist, braucht es

etwas zu essen, wenn es friert, möchte es warm werden. Wenn es neugierig ist, möchte es entdecken. Wenn es allein ist, möchte es Nähe spüren. Wenn es müde ist, möchte es schlafen dürfen.
Reagiert die Mutter nicht einfühlsam genug, dann lernt das Kind nicht zu differenzieren. Es entsteht bei ihm eine Art Gefühlsverwirrung darüber, was es fühlt und braucht. „Abgespeist werden", wie Beate sagte, kann zum Beispiel heißen: Essen statt Trost, statt getragen werden, statt Anregung, statt Gespräch oder Spiel. Das Bedürfnis nach Nähe, Kontakt, sich angenommen fühlen wird umgeleitet in das Bedürfnis nach Essen. So ist der ungestillte Hunger der Eßsüchtigen die Sehnsucht nach der „guten Mutter", nach der bedingungslosen, einfühlsamen Liebe. „Aber da die ‚gute Mutter' nicht im Kühlschrank zu finden ist [so hat Bertram es einmal ausgedrückt], bleibt das Gefühl der Leere trotz eines vollen Bauches."

Wer bin ich – die Frage nach der weiblichen Identität

Nun ist es ja auffällig, daß Eßstörungen sehr viel häufiger bei Mädchen und Frauen auftreten als bei Jungen und Männern, so daß die Frage berechtigt ist, ob dies nicht etwas mit dem weiblichen Selbstwertgefühl zu tun hat.
Kleine Mädchen fühlen sich oft viel länger als kleine Jungen „eins mit Mama". Sie sind ja auch – was das Geschlecht betrifft – „wie Mama", während der kleine Junge sich als der andere abgrenzen muß und nach anderen, männlichen Identifizierungsmöglichkeiten sucht.
Dowling schreibt: „Um ein brauchbares Rollenbild für ihre Tochter zu sein, muß eine Mutter mit ihren eigenen verborgenen Minderwertigkeitsgefühlen umgehen können" (S 34 f.).
Die Töchter der fünfziger und frühen sechziger Jahre in unserer westlichen Überflußgesellschaft tragen dieses Erbe ihrer Mütter in ganz besonderem Maße in sich.
Manchmal schaue ich mir zum Entsetzen meiner Familie alte Spielfilme aus den fünfziger Jahren an. Ich tue es, weil ich auch auf der Suche bin nach mir selbst und nach dem, was mich als

junges Mädchen mitgeprägt hat an Frauenbildern, Männerbildern und Beziehungsmodellen.
Ich begegne der naiven, behüteten Tochter, der unschuldigen Schönen, die sehr sexy ist mit Wespentaille und Monroebusen, der schüchternen Sekretärin und der Krankenschwester und vielen anderen, die alle eines gemeinsam haben: Ihr höchstes Glück ist es, in die Arme eines starken Mannes zu sinken, den Beruf aufzugeben und „ihm viele Kinder zu schenken". Im besten Fall konnte man/frau ahnen, daß sie als seine „Gehilfin" weiterexistieren würde.
Die Frau am Steuer wurde oft belächelt, erntete dagegen höchstes Lob beim Kaffeekochen und durch ihre Schönheit. Tatsächlich meisterten die Filmfrauen der fünfziger Jahre auch die schwierigste Situation im vollendeten Make-up ohne ein verrutschtes Haar. Wild zappelnd werden Frauen auf Männerarmen davongetragen, auch ein Klaps auf das Hinterteil steht „ihm" zu, um „sein Mädchen" zur Vernunft zu bringen.
Und wie sah die bundesdeutsche Realität aus?
Berufliche Perspektiven waren zwar schon im Blick, aber meist nur bis zur Heirat. Als Teil eines sinnerfüllten Frauenlebens betraf die Berufsausübung nur eine kleine Minderheit.
Schließlich war die Gesetzeslage bis zum Ende der fünfziger Jahre so, daß die Frau der Zustimmung ihres Ehemannes bedurfte, wenn sie berufstätig sein wollte.
Nach dem Traum vom Märchenprinzen fanden sich viele Frauen allein gelassen wieder in der für sie entworfenen kleinen Einbauküche, abgehetzt, für ihre Kinder sorgend in einer Umgebung, die überwiegend kinderfeindlich war. Um für Kühlschrank und Fernsehapparat und vielleicht auch für das geplante Eigenheim genug Geld zu haben, waren sie oft auf schlecht bezahlte Jobs nebenher angewiesen. In der Regel war unsere Gesellschaft auf berufstätige Mütter ja nicht eingerichtet, so daß es ihrer eigenen Phantasie und ihrem Organisationsvermögen überlassen war, Familie und Beruf miteinander zu vereinbaren. Und dann immer das schlechte Gewissen, es allen recht machen zu wollen, dem Mann, den Kindern, den Nachbarn, vielleicht auch den eigenen Eltern.

Herr im Haus war in den meisten Fällen immer noch der Mann und Vater. Um ihn und seine Bedürfnisse herum strukturierte eine gute Hausfrau den Tag, und die Kinder lernten so ganz nebenbei, daß derjenige, der meist abwesend ist, die wichtigste Person ist. (Irene Kummer)
Die Mütter der fünfziger und frühen sechziger Jahre sind meiner Meinung nach ganz besonders geprägt von einer tiefen Rollenunsicherheit: Auf der einen Seite werden sie ja wieder fest ins Haus des beginnenden Wohlstandes verwiesen, auf der anderen Seite müssen sie oft dazuverdienen, damit der Wohlstand erhalten bleibt. Durch die Revolution der neuen empfängnisverhütenden Methoden für die jüngere Generation zeichnen sich ganz neue Möglichkeiten der freiheitlichen Lebensgestaltung ab, die für sie selbst jedoch meist noch verschlossen gewesen war. Für ihre eigenen Mütter hatten sich diese Perspektiven noch kaum gestellt – sie waren ja durch Krieg und Hungerzeit gegangen, und hatten im Kampf um die nackte Existenz kaum Zeit zu fragen: Wer bin ich? Wer bin ich als Frau?
Die Mütter der fünfziger und sechziger Jahre spüren nun oft, daß etwas fehlt in der Fülle der Supermärkte, im Glanz der Heimatfilme und in den Vorschlägen der Frauenzeitschriften. Es ist die Zeit, wo viele Frauen vom Gefühl einer tiefen Unzulänglichkeit und Unzufriedenheit gepackt werden.
Am Beispiel vieler Frauengeschichten schildert Colette Dowling eindrücklich den Prozeß der Auseinandersetzung mit dem eigenen Selbstwert, schwankend zwischen Selbsthaß und grandioser Selbstüberschätzung.
Oft soll dann die Tochter sein, wie Mutter immer sein wollte. Die Lebensgeschichten vieler Karriere-Frauen, zwischen Ende zwanzig und Anfang dreißig, wie Dowling sie beschreibt, zeigt die tiefe Leere ihres weiblichen Selbstgefühls. Oft heimliche Bulimikerinnen, auf Essen fixiert, ständig mit ihrem Gewicht beschäftigt, sind sie in Wirklichkeit kleine hungrige Mädchen, die in ihrem So-Sein nie wirklich richtig gesehen und angenommen worden sind, sondern Mutters erweitertes Selbst waren, die braven Töchter.

Ich kann über diese Zusammenhänge, auf die ich hier nur ganz verkürzt eingehen kann, nie ohne persönliche Betroffenheit schreiben. (Wer sich genauer informieren will, kann in der angegebenen Literatur weiterlesen.) Es ist ein Stück jahrhundertealter Frauengeschichte, in die wir als Mütter und Töchter hineinverwoben sind, eine Geschichte, in der Frauen ihren Selbstwert auf verschiedene Weise verloren haben oder sich ein falsches Selbst genäht haben, um überleben zu können.
In dem Phänomen der eßsüchtigen Frauen wird für mich besonders deutlich, was frau sucht: Ihr ureigenstes, persönlichstes Selbst. Die Suche nach der guten Mutter ist auch die Suche nach dem: Sag mir, wer ich wirklich bin.
In der Frauenbewegung der siebziger Jahre haben viele „Töchter“ die Antworten darin gesucht: Wir wollen so sein wie ein Mann. Wir können auch, was Männer können! Gleichberechtigung wurde mit Gleichartigkeit verwechselt.
Viele, die durch diese Phase gingen, entdeckten dann allerdings, daß sie dabei waren, überwiegend männlich geprägtes Leben und Denken zu kopieren und sich dabei gerade noch mehr von sich selbst zu entfernen.
Für viele Frauen wird heute wieder wichtig, zu ihren ureigentlichsten Wurzeln zurückzukehren, um ihren Selbstwert neu zu bestimmen. So hinterfragen sie die Normen einer Gesellschaft, in der überwiegend Mensch gleich Mann definiert wurde, eine Geschichtsschreibung, die den Beitrag der Frauen unterschlägt, das Recht der männlich geprägten großen Weltreligionen, die Aufgabe und das Wesen der Frau zu definieren.
Und hinter einer jahrhundertelangen christlichen Männertheologie von Gott Vater, Sohn und Männlichem Geist taucht aus der Tiefe wieder die dreigestaltige Göttin matriarchaler Zeiten auf: Das junge Mädchen, die Jungfrau, die sich selbst gehört, die fruchtbare Frau, deren Fruchtbarkeit sich nicht auf ihr Muttersein beschränkt, sondern ihren geistigen Beitrag mit einschließt, diese Welt zu gestalten, und die weise Alte, auf deren Weisheit die Jungen hören. Alte, matriarchale Werte drängen empor und zeigen neue Möglichkeiten und andere Prioritäten auf in einer kranken Gesellschaft.

Theologinnen entlarven die Unsichtbarkeit der Frau in der Geschichte des Christentums und seiner Lehrentwicklung und machen sie wieder sichtbar. Eine Fülle von Frauengestalten z. B. aus der Zeit des Neuen Testamentes bekommen ihren vergessenen Namen und ihre Geschichte zurück. Neue kraftvolle Leitbilder tun sich auf. Hinter dem Vater Jesu wird der mütterliche Gott sichtbar, die Gestalt der Weisheit, der Geistin, die von Anbeginn der Welt da war. Ihr Zeichen ist die bedingungslose Einladung zu Tisch, zu Brot und Wein, den Früchten der Erde. Frauen, die wieder anknüpfen an das Kraftfeld alter matriarchaler Weisheit, lernen ihren Selbstwert auch jenseits ihrer individuellen Lebensgeschichte neu bestimmen. Vorher ist es allerdings nötig, das krankmachende, verinnerlichte Selbstbild, Frauen- und Mutterbild auszuspucken, um dann wieder Neues, Positives aufnehmen zu können und den eigenen Weg zu finden. Viele Frauen in Frauengruppen gehen diesen Weg gemeinsam. Sie sind sich dort gegenseitig der Spiegel, der ihnen als Kind gefehlt hat.

Wenn es mir auch so geht wie Beate . . .

Es mag sein, daß einige, die bis hierhin gelesen haben, manches über ihre eigene Geschichte entdeckt haben. Sie mögen sich wie der Grauvogel fühlen, der noch mitten im Grauwald sitzt und nicht weiß, wie er herauskommen soll, oder wie eine, die schon viele Jahre auf der Suche nach sich selbst ist.
Manche mögen auf ihre Weise in irgendeiner Form von Sucht nach dem suchen, was sie brauchen, und es doch nicht finden. Nehmen Sie sich von Beates Weg ein Stück Hoffnung in ihr Leben hinein! Ein Stück von Beates Entschlossenheit: „Ich will aus meinem Teufelskreis heraus! Ich will finden, nicht immer nur suchen!"
Ich denke, Sie werden dann ihren ganz persönlichen Weg finden. Sie werden Menschen finden, denen Sie sich anvertrauen können. In vielen größeren Städten gibt es die Einrichtung der Telefonseelsorge. Darüber können Sie z. B. erfragen, was Sie

für sich tun können, wenn Sie beispielsweise eine therapeutische Begleitung suchen. Es gibt vielerorts Selbsthilfegruppen und Frauengruppen, Familien- und Suchtberatungsstellen, Therapeuten und Therapeutinnen sowie Männer und Frauen in der kirchlichen Seelsorge, wo Sie Kontakt aufnehmen können.
Manchmal ist es durchaus notwendig, länger zu suchen. Und da gibt Beates Lebensmotto Hoffnung: Wer sucht, der wird finden. Ein Leben mit neuen Farben.

LITERATUR

Bücher, auf die im Text Bezug genommen wurde, ergänzt durch andere, die Anregungen zum Weiterlesen geben.

1. Ausgewählte Bücher, die das psychologische Modell der Transaktionsanalyse darstellen bzw. damit arbeiten:

1.1 Babcock/Keepers, Miteinander wachsen, Transaktionsanalyse in der Familie, München 1982

2.2 Fanita English, Es ging doch gut, was ging denn schief? München 1982

1.3 Fanita English, Was werden wir morgen tun? in: Transaktionsanalyse seit E. Berne, Band II, hg. von G. Barnes et al., Berlin 1980

1.4 Rüdiger Rogoll, Nimm dich, wie du bist, Freiburg 1976

1.5 Rogoll/Marwedel, Ich mag mein Kind, mein Kind mag mich, Freiburg 1986

1.6 Jacqui Lee Schiff/Beth Day, Alle meine Kinder, München 1980

2. Auswahl zum Thema Eßstörungen und Suchttherapie:

2.1 Aliabadi/Lehnig, Wenn Essen zur Sucht wird, München 1982

2.2 Colette Dowling, Perfekte Frauen, Frankfurt 1989

2.3 Maja Langsdorff, Die heimliche Sucht, unheimlich zu essen, Frankfurt 1985

2.4 Jaqueline C. Lair/Walter Lechler, Von mir aus nennt es Wahnsinn, Stuttgart 1983

2.5 Susie Orbach, Antidiätbuch, München 1978

2.6 Karin Schneider-Henn, Die hungrigen Töchter, München 1988

3. Auswahl von Büchern über Mütter-Töchter-Beziehungen:

3.1 Colette Dowling, Perfekte Frauen, Frankfurt 1989

3.2 Irene Kummer, Wendezeit im Leben der Frau, München 1989

3.3 Alice Miller, Das Drama des begabten Kindes, Frankfurt 1979
3.4 Ingrid Riedel, Demeters Suche, Zürich 1986

4. Auf der Suche nach neuen Gottesbildern und nach einer neuen weiblichen Spiritualität:
4.1 Hans Frör, Ich will von Gott erzählen wie von einem Menschen, den ich liebe, München 1977
4.2 Hallie Iglhart, Weibliche Spiritualität, München 1987
4.3 Elisabeth Moltmann-Wendel, Das Land, wo Milch und Honig fließt, Perspektiven einer feministischen Theologie, Gütersloh 1987
4.4 Hannelore Morgenroth, Den Brunnen aufschließen, München 1989
4.5 Rosemarie Radford Ruether, Unsere Wunden heilen, unsere Befreiung feiern, Rituale in der Frauenkirche, Stuttgart 1988
4.6 Angelika Schmidt-Bisalksi (hg.), Befreit zu Rede und Tanz, Stuttgart 1989

5. Auch für Erwachsene geeignete Kinderbücher, die für Beate wichtig sind:
5.1 Janosch, Ach wie schön ist Panama
5.2 Janosch, Post für den Tiger
5.3 Janosch, Komm, wir finden einen Schatz
5.4 Janosch, Ich mach' dich gesund, sagte der Bär
5.5 Leo Lionni, Frederick
5.6 Astrid Lindgren, Ronja
5.7 Mirjam Preßler, Bitterschokolade (ein Jugendbuch über ein eßsüchtiges Mädchen)

Hannelore MORGENROTH, geboren 1945, studierte evangelische Theologie und Erziehungswissenschaften. Anschließend war sie als evangelische Vikarin und bis 1980 als Religionslehrerin tätig.
Sie absolvierte die Ausbildung in integrativer Psychotherapie (vorwiegend Transaktionsanalyse und Gestalttherapie). Die Autorin ist mit einem evangelischen Pastor verheiratet und ist zur Zeit freiberuflich in der Erwachsenenbildung und psychologischen Beratung tätig.
Bisher veröffentlicht: Den Brunnen aufschließen (Kösel).

Lesen oder leben?

Zum Anliegen unserer neuen Reihe

Kann der Entschluß, ein Buch zu lesen, zu mehr Freude am Leben führen? Manchmal trifft uns ein Buch im Innersten und kann dort verändernd wirken – sofern es uns im rechten Augenblick begegnet. Es kann zur Frage werden und auch zur Antwort; es kann in Unruhe versetzen oder uns beruhigen, kann Hoffnung machen, Mut zum Aufbruch. Das kann es umso eher, je weniger es uns belehren will, je mehr es uns erzählt von Menschen, die uns ganz ähnlich sind in ihren Nöten und Problemen, und uns mit diesen Menschen miterleben läßt, wie jedes Leben reich und lohnend, bunt und lustvoll werden kann.
Dazu sind diese Bücher geschrieben: daß das Lesen zum Leben führt.

Klaus Sejkora

MÄNNER UNTER DRUCK

Wege aus typisch männlichen Lebenskonflikten

168 Seiten, kartoniert
ISBN 3-7025-0261-0
öS 198,–/DM 29,80

Ein Buch, das sich explizit an Männer und ihre Lebensprobleme wendet – nicht, weil Frauen diese Probleme nicht kennen, sondern weil Männer auf sehr andere Art damit umgehen.

Anhand von sechs Fallbeispielen werden die lebensgeschichtlichen Ursachen für männliches Scheitern in Beruf, Partnerschaft, Kindererziehung usw. aufgespürt und die Unmöglichkeit, mit „männlicher“ Härte daraus zu entkommen, dargestellt.

Es wird der Umgang mit Therapie geschildert, wie und mit welchen Mitteln psychotherapeutischer Behandlung ein Aufweichen dieser Härte durch das Annehmen und Zulassen von Gefühlen und Schwächen möglich wird.

Ein eigener, kurz gehaltener Abschnitt am Ende des Buches erläutert die Konzepte der Transaktionsanalyse zu Entstehung und Heilung menschlicher Störungen und gibt einen Überblick über die einzelnen Schritte einer Therapie mit den verschiedenen Interventionsmöglichkeiten; dabei ist jeder Schritt auf ein bestimmtes, geschildertes Fallbeispiel bezogen.

Dadurch werden einerseits zu den jeweiligen Problemstellungen Informationen gegeben, andererseits wird ein Einblick in das Geschehen der Psychotherapie möglich.

Wesentliches Anliegen des Buches ist es, Verständnis dafür zu wecken, daß menschliche Veränderungen zwar oft langsam, mühevoll und auch schmerzlich vor sich gehen, daß sie aber möglich sind und in zunehmendem Maß auch Freude machen.

Wir möchten ausdrücklich erwähnen, daß dieses Buch auch für Frauen sehr lesenswert ist.

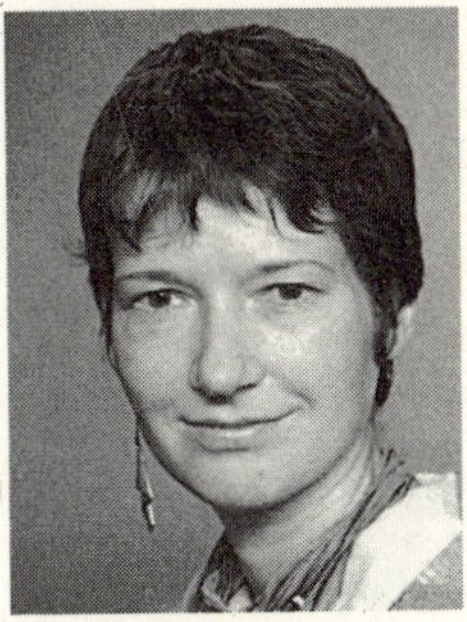

Elisabeth Bingel

JOHANNA LERNT NEIN SAGEN

Wie Eltern mit ihren Kindern Autonomie entwickeln

264 Seiten, kartoniert
ISBN 3-7025-0262-9
öS 198,–/DM 29,80

Was ist so positiv am Nein-Sagen?
Wie lernt ein Kind, Person zu werden?
Wo ist die Grenze zwischen Selbstbehauptung und Trotz?
Macht ein selbstbewußtes Kind die Eltern glücklich?
Kann ein Kind die Entwicklung seiner Familie fördern?

Johanna A. wird als zweites Kind ihrer Eltern geboren. 14 Tage später – und von nun an $1^1/_2$ Jahre lang allmonatlich – ist die Autorin dieses Buches Gast der Familie A., als Beobachterin und Begleiterin von Johannas „Mensch-Werdung" in diesen ersten 18 Monaten.

Aus der Fülle der Literatur zur frühkindlichen Entwicklung sticht dieses Buch hervor durch die minuziöse Auswertung dieser monatlichen Video-Aufnahmen verbunden mit der Beobachtung des Kindes im Alter von $2^1/_2$, $3^1/_2$ und 6 Jahren; wichtige Details sind damit erstmals sichtbar und überprüfbar geworden.

Der Leser erlebt in der Beobachterrolle hautnah mit, wie aus einem häufig mißmutigen kleinen Kind ein selbstbewußtes, autonomes Mädchen wird, das seinen Willen ganz selbstverständlich zum Ausdruck bringen kann.

Zugleich aber zeigt sich Erstaunliches: auch Johannas Eltern und ihr Bruder Oliver werden ihrer eigenen Person und ihrer Wünsche sicherer: Johannas Autonomie fördert auch die ihrer Familie!

Die Autorin versteht es, theoretische Begründungen kurz und verständlich darzustellen und alltägliche Vorkommnisse für den Leser nachvollziehbar zu entschlüsseln.

Ein Buch für alle, die mit (eigenen oder anderen) Kindern zu tun haben und dies als Chance sehen, sich gemeinsam mit ihnen zu entwickeln. Ein Buch für Eltern, Erzieher/innen, Kinder- und Familientherapeuten – oder für Menschen, die einfach auf sich selbst neugierig sind.